MÜNSTERS ORTSNAMEN

Christof Spannhoff

MÜNSTERS ORTSNAMEN

Sprachliche und geschichtliche

Betrachtungen

BoD
Norderstedt
2020

Bibliographische Information der Deutschen Bibliothek
Die Deutsche Bibliothek verzeichnet diese Publikation in der Deutschen
Nationalbibliographie; detaillierte bibliographische Daten sind im
Internet über http://dnb.ddb.de abrufbar.

Umschlagbild: Christof Spannhoff

Satz: Christof Spannhoff

Herstellung und Verlag: BoD - Books on Demand, Norderstedt

Dieses Buch wurde im On-Demand-Verfahren hergestellt.

ISBN 978-3-7519-5455-6

INHALT

(LAND-)WIRTSCHAFT

WEHRANLAGE

Jacob Grimm (1785–1863)
Fotographie von Siegmund Friedlaender (1857)
Hessisches Staatsarchiv Marburg

EINLEITUNG

Haben Sie schon einmal das schöne Münsterland durchquert und sich bei einigen eigenartig anmutenden Ortsnamen auf den gelben Eingangstafeln oder den gleichfarbigen Wegweisern gefragt, woher der eine oder andere merkwürdige oder gar lustige Name wohl kommen könnte?

FUNKTION VON ORTSNAMEN

Vermutlich hat diese Frage durch das nächste Überholmanöver oder den anschließenden Abbiegevorgang den Platz in Ihrem Kurzzeitgedächtnis wieder eingebüßt und ist Ihnen damit aus dem Sinn geraten. Das ist aber auch ganz natürlich, denn um seine alltägliche Funktion zu erfüllen, nämlich einen Ort zu identifizieren, benötigt ein Ortsname keine Bedeutung. Man kann ihn also benutzen, ohne zu wissen, was er ursprünglich einmal bedeutet hat. Um an einen bestimmten Ort zu gelangen, muss man ihn lediglich korrekt in das Navigationsgerät eingeben oder auf einer Karte identifizieren; man muss aber nicht wissen, was sprachlich in ihm steckt.[1]

ORTSNAMEN ALS GESCHICHTSQUELLE

Und doch interessieren wir uns dafür, was mit einem Ortsnamen vormals ausgedrückt werden sollte, als er einst gebildet wurde. Denn Ortsnamen sind keine sinnlosen Sprachzeichen, sondern waren alle bei ihrer Entstehung durch bestimmte Gegebenheiten motiviert. Es gab also anfänglich einen Grund, warum ein Ort so heißt, wie er heißt. Das beschreibt schon der Begründer der deutschen Philologie und Altertumswissenschaft Jacob Grimm (1785–1863) in seinem 1840 erschienenen Aufsatz „Über hessische Ortsnamen":

„Alle eigennamen sind in ihrem ursprung sinnlich und bedeutsam: wenn etwas benannt wird, muss ein grund da sein, warum es so und nicht anders heisst. Allein diese bedeutung galt für die zeit des ersten nennens und braucht' nicht zu dauern; der name wird leicht und bald zur abgezognen bezeichnung, deren man sich fort bedient, ohne sich ihres anfänglichen gehalts zu erinnern. Bei dem häufigen erbleichen und verdunkeln der eigennamen ist also grosse vorsicht anzuwenden, wenn man sie recht erklären will; es reicht nicht hin, mit allen veränderungen, welche die sprache im lauf der zeiten erfahren hat, vertraut zu sein, auch die vorstellungsweise und der geist des alterthums in allen seinen bezügen muss dafür zu rath gezogen werden. Eben deshalb verbreitet ihre ergründung licht über die sprache, sitte und geschichte unserer vorfahren."[2]

Auch nach über 180 Jahren haben diese Ausführungen nichts von ihrer Gültigkeit verloren!

Das auch wissenschaftliche Interesse an Ortsnamen hängt also damit zusammen, dass sie ursprünglich mit den Orten, die sie benennen, auf das Engste verbunden sind. Ein Ortsname stellt vielfach das älteste geschichtliche Zeugnis überhaupt dar, das überdauert hat.

Gelingt es nun, einen Ortsnamen zu enträtseln, erhält man eine geschichtliche Mitteilung, die aus der Zeit der Anfänge des Ortes stammt. Eine Nachricht aus der Entstehungszeit – ganz ohne Zeitkapsel oder Zeitmaschine: Das ist doch eine spannende Sache, oder etwa nicht?

Um diese Information aus der Vergangenheit sichern zu können, ist die Suche nach den ältesten Belegen eines Ortsnamens unabdingbare Voraussetzung. Der Namenforscher muss oftmals weit in die Vergangenheit zurückblicken. Er hat es mit historischen Sprachen und Sprachstufen zu tun, mit geschwundenem Wortgut sowie nicht mehr gebräuchlichen grammatischen Strukturen und sollte zudem über fundiertes historisches Wissen verfügen. Der Namenforscher ist also Sprachwissenschaftler und Historiker zugleich. Wenn dann die historische und sprachliche Untersuchung eines Ortsnamens abgeschlossen ist, hat der Namenforscher im besten Fall das ursprüngliche Motiv, das der Benennung eines Ortes zugrunde liegt, ermittelt. In vielen Fällen sind allerdings auch mehrere Deutungen möglich und bei einigen wenigen Ortsnamen muss der Namenforscher letztendlich leider eine Antwort auf die Frage nach der Bedeutung eines Namens schuldig bleiben.[3]

Doch was hat man nun davon, den Sinn eines Ortsnamen zu erforschen? Weil Ortsnamen eben bei ihrer Erstverwendung keine sinnlosen Sprachzeichen, sondern durch einen Gegenstand motivierte Bezeichnungen sind, können sie Auskunft über die Beschaffenheit der Landschaft zum Zeitpunkt der Namengebung geben, auf menschliches Siedeln, Kultivieren und Wirtschaften verweisen oder manchmal etwas über die sozialen und rechtlichen Gegebenheiten vergangener Zeiten verraten. Namen sind also ein wichtiges Stück Kulturgeschichte.[4]

WANDEL VON ORTSNAMEN

Einige Ortsnamen sind selbst heute für jedermann verständlich, weil wir die Wörter noch erkennen können, die in ihnen stecken. Andere Ortsnamen verstehen wir wiederum nicht so ohne Weiteres, weil zum einen die enthaltenen Wörter gegenwärtig ungebräuchlich sind, zum anderen sich aber ein Ortsname auch im Lauf der Zeit bis zur Unkenntlichkeit verändert haben kann. Diese Phänomene müssen etwas näher erläutert werden:

Zum Zeitpunkt seiner Entstehung war jeder Ortsname den Zeitgenossen verständlich, weil die Benennung der Siedlung mit den Wörtern der Sprecher ihrer Zeit gebildet wurde. Dass uns derzeit zahlreiche Namen rätselhaft erscheinen, hängt damit zusammen, dass Sprache sich stetig wandelt.

So kennen wir auf der eine Seite zahlreiche Wörter nicht mehr, die früher in Gebrauch waren. Z.B. stehen Eiland für

Insel oder Oheim für Onkel aktuell an der Grenze, aus dem aktiven Wortschatz zu verschwinden, quasi auf der „roten Liste" für Wörter. Jüngere Menschen kennen diese Wörter bereits nicht mehr, während die Älteren noch etwas damit anzufangen wissen. Sind diese heute unbekannten Wörter dann in einen Ortsnamen eingegangen, begreifen wir – natürlicherweise – im alltäglichen Sprachgebrauch auch seinen ursprünglichen Sinn nicht mehr.

Auf der anderen Seite kann sich die lautliche Gestalt von Ortsnamen durch die Jahrhunderte hindurch verändern. Da gehen Buchstaben verloren oder lange Wortketten werden gekürzt.[5] So kann aus einem anfänglichen *Holteburethorpe* ein heutiges *Holperdorp* werden, das dann natürlich nichts mit „holprig" zu tun hat, wie man aufgrund der heutigen Lautform annehmen könnte.[6] Da es für den Gebrauch eines Ortsnamens nicht auf dessen Inhalt ankommt, kann er verschleifen oder zusammengezogen werden und somit eine Form annehmen, die wir ebenfalls nicht mehr ohne Weiteres entschlüsseln können.

ÄLTERE BELEGE

In den meisten Fällen helfen hier die älteren Belege eines Ortsnamens weiter, der ursprünglichen Bedeutung eines Namens auf die Spur zu kommen. Der Namenforscher blickt deshalb oftmals weit in die Vergangenheit zurück. Er ist Sprachwissenschaftler und Historiker zugleich, denn die Namenkunde ist ein Teil der „historischen Sprachwissenschaft". Der Namenforscher muss zunächst alte Dokumente und Schriftstücke – vor allem Urkunden und Abgabenverzeichnisse – finden und sichten, in denen die älteren Ortsnamenformen überliefert sind. Darüber hinaus hat er es dann mit historischen Sprachen und Sprachstufen zu tun, mit verschwundenen Wörtern und nicht mehr gebräuchlichen grammatischen Strukturen.[7]

ORTSNAMEN MÜNSTERS

In dieser Veröffentlichung interessieren uns die Ortsnamen, die auf dem Gebiet der heutigen Stadt Münster anzutreffen sind. Verfasst wurden die 26 Beiträge zu den einzelnen Namen oder Namengruppen anfänglich als Serie für „DRAUßEN: Das Straßenmagazin für Münster und das Umland" (kurz auch: „Draußen-Zeitung"), die gut zwei Jahre lang von Januar 2018 bis März 2020 monatlich veröffentlicht worden sind. Für die Zusammenstellung als Buch wurden die notwendigen Quellen- und Literaturnachweise ergänzt. Der besseren Lesbarkeit halber sind sie als Endnoten nach jedem Beitrag ausgeführt. Die Texte, die sich an eine breite Leserschaft ohne spezielle Fachkenntnisse richten, sind aber in ihrer publikumsorientierten Form belassen worden.

Wissenschaftliche Grundlage der Reihe ist das Nachschlagewerk „Die Ortsnamen der Stadt Münster und des Kreises Warendorf" von Claudia Maria Korsmeier, das 2011 als dritter Band des Westfälischen Ortsnamenbuches erschienen ist und deshalb nachfolgend auch als „WOB 3" zitiert wird.[8] In dieses Lexikon wurden alle Ortsnamen mit Quellenbelegen nach bestimmten Kriterien, besonders ihrer Ersterwähnung vor dem Jahr 1600, aufgenommen. Weil aber ein derartiges Namenbuch für den nicht sprachwissenschaftlich geschulten Leser oftmals schwer verständlich ist, bot sich eine leserfreundliche Bearbeitung des münsterischen Ortsnamenbestandes an. Allerdings wurden die Deutungen des Korsmeierschen Ortsnamenbuches nicht einfach übernommen, sondern der Verfasser setzte sich kritisch mit diesen auseinander und gelangte in nicht wenigen Fällen auch zu einer abweichenden Ansicht oder zumindest anderen Akzentuierung.

Somit versucht die vorliegende Publikation, die Ortsnamen auf dem heutigen Stadtgebiet Münsters verständlich zu erklären, aber dabei auch wissenschaftlichen Ansprüchen zu genügen.

HINWEISE

Hier seien deshalb noch einige allgemeine Informationen vorangestellt, die dem besseren Verständnis dienlich sein sollen:

Kürzere Quellenzitate und Namenbelege sind kursiv, längere wiedergegebene Passagen in doppelten Anführungszeichen gesetzt. Die einfachen Anführungszeichen werden zur Kennzeichnung der Wortbedeutungen oder Wortinhalte benutzt. Ein Sternchen (*) vor einem Wort oder Namen bedeutet, dass diese Form nicht in den Quellen überliefert, sondern erschlossen worden ist. Die Grundlage dieser Erschließung ist im Text angegeben. Ein ^ über einem Vokal bezeichnet dessen Länge.

DANK

Zuletzt gilt es noch denjenigen zu danken, ohne die diese Publikation nicht möglich geworden wäre. Zunächst möchte ich mich bei Rolf Meyer von der Redaktion der „Draußen-Zeitung" bedanken, der den Abdruck der Serie befürwortet und dem Autor dabei völlig freie Hand gelassen hat. Ohne den gewissen innerlichen Druck, jeden Monat einen Beitrag liefern zu müssen, wäre es wohl bei der Idee geblieben und das nun vorliegende Buch hinter anderen Arbeiten zurückgetreten. Ferner sage ich meinem Kollegen Sebastian Schröder M.A. vom Institut für vergleichende Städtegeschichte (IStG) in Münster Dank, der nicht müde wurde, die einzelnen Ortsnamen-Artikel zu korrigieren und zu redigieren. Auch einige Abbildungen aus seinem Fundus steuerte er dankenswerterweise freigiebig bei.

Münster, im Juni 2020

Christof Spannhoff

ANMERKUNGEN

[1] Wolfgang Haubrichs, Verortung in Namen. Deskriptive Namengebung, Königsgut und das Interessenspektrum des agrarischen Menschen des frühen Mittelalters, in: Tätigkeitsfelder und Erfahrungshorizonte des ländlichen Menschen in der frühmittelalterlichen Grundherrschaft (bis ca. 1000). Festschrift für Dieter Hägermann zum 65. Geburtstag, hrsg. v. Brigitte Kasten, München 2006, S. 1–36.

[2] Jacob Grimm, Über hessische Ortsnamen, in: Zeitschrift des Vereins für hessische Geschichte und Landeskunde 2 (1840), S. 132–154, hier S. 133.

[3] Christof Spannhoff, Siedlung am trockenen Wasserlauf. Der Mühlenbach gab dem Ort [Saerbeck] vermutlich seinen Namen, in: Unser Kreis 2013. Jahrbuch für den Kreis Steinfurt 26 (2012), S. 91–94.

[4] Leopold Schütte, Wörter und Sachen aus Westfalen 800 bis 1800, 2. erw. Aufl. Duisburg 2014, S. 282 f.

[5] Ebd., S. 691–698.

[6] Christof Spannhoff, „Holteburethorpe" – Überlegungen zur Lokalisierung eines hochmittelalterlichen Ortsnamens, in: Heimat-Jahrbuch Osnabrücker Land 2011, S. 98–104; Ders., Der Ursprung des Siedlungsnamens Holperdorp, in: Streifzüge durch die Geschichte Lienens. Ein historisches Lesebuch, 2., verb. u. erg. Aufl., Norderstedt 2012, S. 165–167.

[7] Paul Derks, Die Siedlungsnamen der Stadt Lüdenscheid. Sprachliche und geschichtliche Untersuchungen, Lüdenscheid 2004, S. 3–17.

[8] Claudia Maria Korsmeier, Die Ortsnamen der Stadt Münster und des Kreises Warendorf, Bielefeld 2011 (Westfälisches Ortsnamenbuch 3).

Avendrup
Albachten
Rumphorst
Uhlenbrock
Westrup   Handorf
Havichorst   Funtrup
Westhues   Eickendrup
Sprakel   Middrup   Wentrup
Holsen   Gittrup
Schonebeck   Middendrup
Twehus   Geist
Altenroxel   Münster
Hiltrup   Lütkenbeck   Sessendrup
Nienberge   Kintrup   Haskenau
Bovemann   Klettendorf   Amelsbüren
Sudmühle   Wolbeck
Coerde   Roxel   Ossenbeck Gelmer
         Lengerich   Kemper
         Wattendrup
         Loevelingloh
Kinderhaus   Buxtrup
         Gievenbeck
Delstrup   Wersedrup
Volkingdorp Mecklenbeck
         Wilbrenning Ventrup
         Sonnenborn
         Dorbaum

Sandrup
Pluggendorf
Angelmodde

Brock

Mimigernaford

SPRACHLICHE VORBEMERKUNGEN

Münster und das Münsterland gehören zum Sprachraum des Niederdeutschen. Dessen ältere belegbare Sprachstufen sind das Altsächsische und das Mittelniederdeutsche. Zusammen mit dem Altniederfränkischen bildet das Altsächsische das sogenannte Altniederdeutsche. Die altsächsische Sprache ist im niederdeutschen Raum von etwa 800, dem Einsetzen der Schriftlichkeit in diesem Gebiet überhaupt, bis um 1200 überliefert. Besonders eng verwandt ist das Altsächsische mit dem Altenglischen und Altfriesischen und zählt damit zur Gruppe des Nordseegermanischen.

LAUTLICHE UNTERSCHIEDE

Wichtigstes Kennzeichen dieser Sprache ist die nicht durchgeführte Zweite oder (Alt-)Hochdeutsche Lautverschiebung, die bis heute einen wichtigen Unterschied zwischen Niederdeutsch und Hochdeutsch ausmacht (vgl. z.B. *Water – Wasser, Pund – Pfund, ik – ich*).

Doch auch im Vokalismus unterscheidet sich das Niederdeutsche vom Hochdeutschen: *mîn Hûs* – *mein Haus* (Neuhochdeutsche Diphthongierung). Da das Altsächsische in deutlich weniger Textzeugnissen als etwa das Althochdeutsche, Altenglische oder das spätere Mittelniederdeutsche überliefert ist, müssen einige Wörter aus den drei nah verwandten und besser belegten Sprachen erschlossen werden. Derart erschlossene Formen werden in der Sprachwissenschaft dann mit einen * (Asterisk) gekennzeichnet. So ist etwa die Bezeichnung für die Katze in keinem altsächsischen Text überliefert. Das heißt aber nicht, dass die Sprecher des Altsächsischen keinen entsprechenden Begriff für das Tier kannten, sondern nur, dass das altsächsische Wort zufällig nicht bezeugt ist, sich also kein Text erhalten hat, in dem die Tierbezeichnung vorkommt. Durch die belegten Formen mittelniederdeutsch *katte*, altenglisch *cat*, *catt* und althochdeutsch *kazza* kann für das Altsächsische mit an Sicherheit grenzender Wahrscheinlichkeit ein Wort *katta* erschlossen werden.

ZEITLICHE GLIEDERUNG

An das Altsächsische schließt sich das Mittelniederdeutsche an, das dann in der Zeit zwischen 1200 und 1650 verwendet wurde. Das Mittelniederdeutsche unterscheidet sich vom älteren Altsächsischen hauptsächlich darin, dass sich im hohen Mittelalter die germanisch-altsächsischen Zahn-Reibelaute *th* (*þ*) und *ð*, die noch im heutigen Englischen vertreten sind (vgl. englisch *bath* ‚Bad‘ oder *brother* ‚Bruder‘), zu d verändert haben. Durch die sogenannte Senkung und Zerdehnung wurden die kurzen Stammvokale *i*

und *u* in offenen Tonsilben zu *e* und *o* gesenkt. Ferner ist
für das Mittelniederdeutsche der Zusammenfall der Neben-
silben-Vokale zum einheitlichen Murmel-Vokal [ə] (Nebensilbenabschwächung) festzustellen. So wird aus altniederdeutsch *fadar* > mittelniederdeutsch *vâder* ‚Vater‘.

Die meisten Ortsnamen in Nordwestdeutschland lassen
sich mit den älteren Sprachstufen des Niederdeutschen erklären. Nur in wenigen Fällen muss auf das nicht bezeugte,
aber von der Sprachwissenschaft rekonstruierte Germanische oder das noch frühere, ebenfalls nur erschlossene Indogermanische zurückgegriffen werden.[1]

ANMERKUNGEN

[1] Dazu: Paul Derks, Die Siedlungsnamen der Stadt Lüdenscheid. Sprachliche und geschichtliche Untersuchungen, Lüdenscheid 2004, S. 9–12; Leopold Schütte, Wörter und Sachen aus Westfalen 800 bis 1800, 2. erw. Aufl. Duisburg 2014,
S. 691–698.

Sprakel

Häger

Gelmer

Nienberge

Coerde

Kinderhaus

Rumphorst

Handorf

Gievenbeck

Münster

Roxel

Sentrup

St.
Mauritz

Geist

Gremmendorf

Mecklenbeck

Berg Fidel

Wolbeck

Albachten

Angelmodde

Hiltrup

Amelsbüren

Münsters Ortsnamen

MIMIGERNAFORD – MONASTERIUM – MÜNSTER

DER ORTSNAME DER STADT MÜNSTER

Münster gilt neben Soest und Dortmund als eine der „heimlichen" Hauptstädte Westfalens. Der Name der heute über 300.000 Einwohner zählenden, kreisfreien Stadt klingt auch sehr schön westfälisch: *Münster*, auf Plattdeutsch *Mönster*. Doch ist die verlockende Annahme, dass der Name Münster/Mönster auch ein echter Westfale sei, weit gefehlt. Denn der heutige Name der Stadt, die auch Sitz der Bezirksregierung des gleichnamigen Regierungsbezirkes ist, entstammt nicht dem Niederdeutschen, sondern einer anderen Sprache, nämlich dem Lateinischen. Viele ehemalige und gegenwärtige Schüler, die sich mit dieser toten Sprache herumquälen mussten und müssen, werden nun vielleicht fragend die Stirn in Falten legen. Und auch wenn man es der heutigen Form des Ortsnamens nicht mehr ansieht, so ist der Name Münster/Mönster doch aus dem älteren *Monasterium* entstanden, wie die historischen Belege des Namens zeigen.[1]

DOMKLOSTER

Monasterium – diese Form erkennt der Latein-Kenner wegen der Endung *-um* natürlich sofort als lateinisch. Und einige Zeitgenossen werden das Wort sicherlich auch direkt übersetzen können. Denn *monasterium* bedeutet auf Deutsch ‚Kloster, Klostergemeinschaft, Klostergebäude, Klosterkirche'. Das namengebende Motiv war also das 792/793 vom ersten münsterischen Bischof Liudger auf dem Horsteberg, dem späteren Domhügel, eingerichtete Domkloster.[2]

MIMIGERNAFORD

Allerdings erscheint der Name *Monasterium*, der sich dann im Lauf der Zeit zu *Mönster* und *Münster* verkürzt hat, erst ab dem 11. Jahrhundert. Zuvor hieß der Ort anders. Denn bis in das frühe 11. Jahrhundert hinein trugen das Domkloster des Bischofs Liudger und die zugehörige Siedlung den Namen *Mimigernaford*. Über diesen früheren Ortsnamen haben sich zahlreiche Gelehrte seit dem 19. Jahrhundert den Kopf zerbrochen. Kein Geringerer als der Sprachwissenschaftler und Altertumsforscher Jacob Grimm (1785–1863) versuchte bereits früh das Rätsel zu lösen. Wir kennen Jacob Grimm heute vor allem wegen seiner zusammen mit seinem Bruder Wilhelm gesammelten und publizierten „Kinder- und Hausmärchen". Aber Grimm befasste sich darüber hinaus auch mit deutschen Rechtsaltertümern, germanischer Mythologie sowie weiteren sprachwissenschaftlichen und historischen Themen. Als Kind seiner Zeit, in der die Germanen als Vorfahren der Deutschen

hoch im Kurs standen und man allerorten auch Spuren ihrer vorchristlichen Religion zu finden glaubte, vertrat
Grimm die Ansicht, im Namen Mimigernaford sei ein „my-
thisches Wesen" namens *Mimir/Mimi/Mime*, ein Schmied,
zu finden. Diese Erklärung, die sich in Grimms „Deutscher
Mythologie" von 1835 findet, ist heute natürlich kaum noch
glaubhaft.[3] Doch sollte es noch weit über 100 Jahre und
zahlreiche Deutungsversuche dauern, bis der damals in
Münster lehrende Germanist Heinrich Tiefenbach 1984 die
heute allgemein anerkannte Erklärung des Namens *Mimigernaford* vorlegte.[4] Das Grundwort des Namens war immer unstrittig gewesen: *-ford* meint die Furt oder die Über-
gangsstelle. Diese ist sehr wahrscheinlich am Durchgang
über die Aa bei der Überwasserkirche zu lokalisieren, wie
die münsterische Historikerin Edeltraud Balzer wahrscheinlich gemacht hat.[5] Der erste Teil *Mimigerna-* ist – wegen des Lautes *a* am Ende – als der Wessenfall (Genitiv)
Mehrzahl (Plural) eines Personennamens *Mimigern* zu erklären. Der Name Mimigernaford meinte also die ‚Furt der
Mimigerne‘ oder anders übersetzt: die ‚Furt der Leute eines
Mimigern‘. Mimigern war vermutlich das rechtliche Oberhaupt, der Anführer oder Herr der Bewohner der Siedlung
an der Aa-Furt.

ERSTE ERWÄHNUNG

Doch wann wurde der Name Mimigernaford eigentlich
erstmals erwähnt? Bis vor kurzem war diese Frage, die für
die Münsteraner als ältester Nachweis des Vorgänger-
Namens ihrer Stadt natürlich von besonderem Interesse ist,
noch ganz eindeutig zu beantworten: Im Jahr 819 heißt es

in einer Urkunde Kaiser Ludwigs des Frommen (778–840) *ad locum qui vocatur Mimigernaford* ,bei einem Ort, der genannt wird Mimigernaford'.[6] Doch hat der Bonner Historiker Theo Kölzer, der sämtliche Urkunden Ludwigs des Frommen untersucht hat, 2012 herausgefunden, dass es sich bei der Urkunde von angeblich 819 um eine Totalfälschung erst des 10. Jahrhunderts handelt.[7] Damit fällt das Jahr 819 als Ersterwähnung des Namens Mimigernaford weg und eine ein Jahr später, 820 ausgestellte Urkunde rückt auf Platz 1, die die älteste Nennung des Vorgänger-Namens der Stadt Münster – Mimigernaford – enthält.[8] Das Jubiläum der Ersterwähnung des Ortsnamens vor 1200 Jahren rückt damit ebenfalls von 2019 in das Jahr 2020.

ANMERKUNGEN

[1] WOB 3, S. 283–287.

[2] Mathias Austermann u. Aurelia Dickers, Aus „Mimigernaford"
wird „Monestere". Archäologische Aspekte der „Stadtwerdung"
Münsters, in: Lübecker Kolloquium zur Stadtarchäologie im
Hanseraum X: Vorbesiedlung, Gründung und Entwicklung,
hrsg. v. Manfred Gläser u. Manfred Schneider, Lübeck 2016,
S. 143–158.

[3] Jacob Grimm, Deutsche Mythologie, Göttingen 1835,
S. 221 f.

[4] Heinrich Tiefenbach, Mimigernaford – Mimigardeford. Die
ursprünglichen Namen der Stadt Münster, in: Beiträge zur
Namenforschung Neue Folge 19 (1984), S. 1–20. Wiederabdruck in: Heinrich Tiefenbach, Von Mimigernaford nach Rega-
nespurg. Gesammelte Schriften zu altsächsischen und althochdeutschen Namen, hrsg. v. Heinrich Tiefenbach, Albrecht
Greule u. Jörg Riecke, Regensburg 2009, S. 73–90.

[5] Edeltraud Balzer, Neue Forschungsergebnisse zur Geschichte Westsachsens, des Bistums und der Stadt Münster im
früheren Mittelalter, in: Westfalen. Hefte für Geschichte, Kunst
und Volkskunde. Mitteilungen des Vereins für Geschichte und
Altertumskunde Westfalens 83 (2005), S. 181–198; Dies., Das
Stift St. Marien Überwasser von 1040 und seine Vorgängerkir-
che, in: Die Stadt Münster. 2. Ausgrabungen an der Pfarrkir-
che Liebfrauen-Überwasser, hrsg. v. Mathias Austermann u.
Aurelia Dickers, Mainz 2013, S. 13–39.

[6] Die Urkunden Ludwigs des Frommen, bearb. v. Theo Kölzer,
Wiesbaden 2016, Nr. †198.

[7] Theo Kölzer, Die Urkunden Ludwigs des Frommen für Hal-
berstadt (BM2 535) und Visbek (BM2 702) und ein folgenrei-
ches Mißverständnis, in: Archiv für Diplomatik 58 (2012),
S. 103–123.

[8] Urkundenbuch für die Geschichte des Niederrheins, hrsg. v. Theodor Joseph Lacomblet, 4 Bde., 2. Aufl., Aalen 1966, Bd. 1: 779–1200, Nr. 40; Oorkondenboek van het sticht Utrecht, 5 Bde., Utrecht 1925 –1959, Bd. 1 (1925), Nr. 57; Dirk Peter Blok, Een diplomatisch onderzoek van de oudste particuliere oorkonden van Werden. Met enige uitweidingen over het ontstaan van dit soort oorkonden in het algemeen, Assen 1960, Nr. 42.

Überwasserkirche
Foto: Ria Hänisch (2018)

BACHNAMEN WERDEN ZU ORTSNAMEN

DIE NAMEN AUF -BECK

Viele unserer heutigen Ortsnamen gehen auf ursprüngliche Gewässernamen zurück. Die Benennungen der Fließgewässer wurden dann auf die an ihnen gelegenen Siedlungen übertragen.[1] Zu diesen Ortsnamen gehören besonders die Namen auf -*beck*, die in der Region sehr häufig anzutreffen sind. Auch auf dem Gebiet der heutigen Stadt Münster finden sich zahlreiche -*beck*-Ortsnamen: Gievenbeck, Lütkenbeck, Mecklenbeck, Ossenbeck, Schonebeck und Wolbeck.

-*BECK*-NAMEN

Der Wortbestandteil -*beck* geht dabei auf mittelniederdeutsch *beke* ‚Bach' zurück. Es handelt sich um ein gemeingermanisches Wort für ein fließendes Gewässer. Im Altniederdeutschen ist es zufällig nicht belegt. Es muss das Wort aber auch in dieser Sprache gegeben haben, weil es Entsprechungen im nah verwandten Altenglischen als *bec*, *becc*, im Altniederfränkischen (Altniederländischen) als *beke* und im Althochdeutschen als *bah, pah* hat (das *h* ist als *ch* zu sprechen). Das Wort muss im Altniederdeutschen **beki* gelautet haben (das Sternchen vor dem Wort zeigt an, dass es erschlossen ist), wie alte Ortsnamenformen zeigen, in denen das Wort bereits enthalten ist[2]: So etwa im Ortsnamen Gievenbeck, der 889 als *in villa Gibonbeki* erwähnt wird. Ende des 11. Jahrhunderts heißt der Ort dann *Givenbeke*. Das Erstglied des Namens *Gibon-/Given-* geht dabei auf einen alten Personennamen *Givo* zurück, der im schwachen Wessen-Fall gebeugt ist (vgl. *Anna – Annen, Otto – Otten*). Gievenbeck meint also den ‚Bach des Givo'.[3]

LÜTKENBECK

Im Namen von Haus Lütkenbeck im Osten Münsters ist der erste Bestandteil nicht – wie man annehmen könnte – das mittelniederdeutsche Eigenschaftswort *lüttik* ‚klein', sondern ebenfalls ein Personenname. Das zeigen die ältesten Belege: um 1336 *Dudekenbeke*, 1426/1427 *Dudekenbecke*. Es handelt sich also um den ‚Bach des Dudiko'. Erst später wandelte sich der Name zur Form *Ludikenbecke* (1498) und wurde in der Folge fälschlich an *lüttik* ‚klein' angeschlossen.[4]

MECKLENBECK

Im Gegensatz dazu enthält der Name Mecklenbeck, der 1194 als *in Mikelencbeke* und 1247 als *Mikelenbeke* erscheint, wirklich ein Eigenschaftswort, das sich auf die Größe des Gewässers bezieht.[5] Allerdings existiert dieses

Wort heute im niederdeutschen Wortschatz nicht mehr. Es handelt sich um altniederdeutsch *mikil*, mittelniederdeutsch *mekel*, das ‚groß‘ bedeutet. Während das Adjektiv ursprünglich in allen germanischen Sprachen vertreten war (gotisch *mikils*, altnordisch *mikill*, angelsächsisch *micel*, *mycel*, altniederdeutsch *mikil*, mittelniederdeutsch *mekel*, althochdeutsch *mihhil*, mittelhochdeutsch *michel*; urverwandt mit lateinisch *magnus* ‚groß‘), ist es nach dem Mittelalter geschwunden. Schon vor Mitte des 16. Jahrhunderts ist das Wort größtenteils ausgestorben und hat sich nur noch in Ortsnamen erhalten: Meckelenhorst (Neustadt/Rübenberge), Meckelhorst (Weerseloh/Overijssel), Mecklenheide (Hannover) sowie Mecklenberg, Mecklendorf, Meckelesch, Meckelfeld oder Meckelwege. Das Wort ist auch im Namen Mecklenburg enthalten, der ursprünglich eine ‚große Burg‘ benannte. Der Name Mecklenbeck geht dabei auf eine altniederdeutsche Wendung **to thera mikelen beke* ‚beim großen (breiten) Bach‘ zurück.[6]

OSSENBECK

In Mecklenbeck lag auch ein heute nicht mehr existierender Wohnplatz namens Ossenbeck (1426/1427 *Ossenbecke*). Das Erstglied enthält das altniederdeutsche Wort *ohso*, mittelniederdeutsch *osse* ‚Ochse, Stier‘. Ossenbeck war also der ‚Ochsenbach‘. Möglich, wenn auch unwahrscheinlich, ist auch ein Personenname *Ohso* nach dem Tier. Allerdings ist ein solcher nicht überliefert.[7] Die Bezeichnung Ochse war im Mittelalter aber nicht wie heute auf das kastrierte männliche Rind bezogen, sondern – wie die historischen Belege zeigen – auf das männliche Geschlechtstier, den Stier oder Bullen.[8]

SCHONEBECK

In Schonebeck (12. Jahrhundert *de Sconenbiche*) steckt im ersten Teil des Namens das Eigenschaftswort altniederdeutsch *scôni*, mittelniederdeutsch *schone* ‚schön, ansehnlich‘.[9] Allerdings werden hier vermutlich nicht ästhetische Kriterien den Ausschlag für die Benennung gegeben haben, sondern wirtschaftliche. Denn „schön" kann im Mittelalter noch so viel wie ‚profitabel‘ oder ‚wirtschaftlich nutzbar‘ meinen. Ein ‚schöner Bach‘ war also vermutlich fischreich, führte genug Wasser zum Antrieb von Mühlen oder zum Bewässern und Düngen von Wiesen.[10] Der namengebende Bach war vermutlich die heutige Aa, die die beiden Bauerschaften Schonebeck in Roxel und Nienberge trennt, die ursprünglich wohl eine Einheit gebildet haben. Das Beispiel zeigt auch anschaulich, dass längere Gewässer früher unterschiedliche Abschnittsnamen trugen, die erst später vereinheitlicht wurden. Im Bereich der heutigen Bauerschaften Schonebeck hieß die Aa also Schonenbecke, wie ein Beleg des Jahres 1284 beweist (*fluvius* [= lateinisch ‚Fluss, fließendes Wasser‘] *Schonenbeke*).[11]

WOLBECK

Zu den münsterischen -*beck*-Ortsnamen gehört auch Wolbeck, das 1185 als *Walbeke*, 1245 als *Waltbecke* bzw. *Woltbeke* erscheint. Die beiden Belege des Jahres 1245 zeigen, dass im Erstglied altniederdeutsch *wald*, mittelniederdeutsch *wolt* ‚Wald' enthalten ist. Wolbeck meint also ursprünglich den ‚Waldbach'.[12]

ANMERKUNGEN

[1] Edward Schröder, Bachnamen und Siedlungsnamen in ihrem Verhältnis zueinander, in: Nachrichten von der Akademie der Wissenschaften zu Göttingen, Phil.-hist. Klasse, Neue Folge, Fachgruppe IV, Bd. 3 (1940/41), S. 1–15.
[2] Dazu ausführlich: Paul Derks, Die Siedlungsnamen der Stadt Essen. Sprachliche und geschichtliche Untersuchungen, Essen 1985, S. 54.
[3] WOB 3, S. 164 f.
[4] WOB 3, S. 264.
[5] WOB 3, S. 265 f.
[6] Dazu ausführlich: Christof Spannhoff, Der Ortsname Meckelwege, in: Ders., Alles für die Katz'? Eine historische Anthologie zum Jubiläum „700 Jahre Kattenvenne", Norderstedt 2013, S. 92–100.
[7] WOB 3, S. 302.
[8] Paul Derks, Die Siedlungsnamen der Stadt Gladbeck in Westfalen. Sprachliche und geschichtliche Untersuchungen, Gladbeck/Westf. 2009, S. 169–173.
[9] WOB 3, S. 344 f.
[10] Derks, Essen (wie Anm. 2), S. 58 f.
[11] WOB 3, S. 344.
[12] Ebd., S. 439 f.

Hieß der heutige Offerbach bei Albachten
einst *Albachta*?
Foto: Christof Spannhoff (2019)

ALBACHTEN – ORT DER TRUNKENBOLDE?

Mit dem Namen des im heutigen Stadtgebiet von Münster liegenden Ortes Albachten ist eine humorige Entstehungserzählung verknüpft. Angeblich soll der Name nämlich bis in die Zeit des hl. Liudger (†809), des ersten münsterischen Bischofs, zurückgehen. Dieser kam auf seinen Reisen durch das Münsterland auch nach Albachten, das damals noch namenlos gewesen sei. Allerdings habe er hier alle Bewohner der Siedlung volltrunken vorgefunden. Erzürnt sei der Bischof daraufhin weitergezogen und habe zum Abschied bemerkt: „Das sind alle Bacchanten". Daraus habe sich dann der Name Albachten entwickelt.[1] Als „Bacchanten" werden heute noch Trinkbrüder bezeichnet. Der Ausdruck ist zurückzuführen auf die antike Gottheit *Bacchus*. Bacchus ist dabei eigentlich die lateinische Form von griechisch *Bakchos*, einem Beinamen des Dionysos, des Gottes des Weines und des Rausches in der griechischen Mythologie. Der Beiname Bacchus wurde von den Römern auf ihren Gott des Weines und der Fruchtbarkeit übertragen. „Bacchanten" sind also eigentlich die Teilnehmer einer Kultfeier für diese

Gottheit, bei der es natürlich zu orgiastischen Zügen kam, woher sich die heutige Bezeichnung für feier- und trinkfreudige Mitmenschen erklärt.[2]

NAMENSAGE

Aber waren die Einwohner von Albachten ursprünglich wirklich lustige Zecher? Die Herleitung des Ortsnamens Albachten von dem Gott der Trunkenheit und des Weines, Bacchus, wird erstmals schriftlich festgehalten in der Schrift *Monumentorum Monasteriensium decuria prima* des Vredener Stiftsscholasters Jodocus (Jobst) Hermann Nünning (1675–1753), die 1747 in Wesel gedruckt wurde.[3] Sie gibt sich damit auf jeden Fall als „Gelehrtenetymologie" zu erkennen, die nur jemand ersinnen konnte, der aufgrund seiner humanistischen Bildung die antike Gottheit kannte und diese dann mit dem ähnlich klingenden niederdeutschen Namen Albachten in Verbindung brachte. Einem westfälischen Landmann wäre eine solche Erklärung niemals eingefallen. Und auch der hl. Liudger, der zwar ein gebildeter Mann war, wird vermutlich den antiken Gott Bacchus gar nicht gekannt haben. Denn ein verstärktes Interesse an der Antike kam erst wieder lange nach Liudger in der Zeit der Renaissance (15./16. Jahrhundert) auf, weswegen diese Epoche auch so heißt, wie sie heißt: Renaissance = Wiedergeburt, und zwar die „Wiedergeburt der Antike".[4] Die Ehre ist also gerettet: Die Albachtener waren nicht trinkfreudiger als ihre Nachbarn und auch Albachten hat nichts mit „Bacchanten" zu tun.

SCHWIERIGE ÜBERLIEFERUNG

Allerdings wirft der Ortsname trotzdem bis heute Fragen auf. Er gehört zu den nicht einfach zu knackenden Nüssen der Namenforschung. Das hängt auch mit seiner Überlieferung zusammen, die keine simple Erklärung zulässt. Erstmals erscheint der Ortsname im 11. Jahrhundert als *in Albagthon* in einem Urbar des Klosters Werden. 1142 heißt es dann *Albucten*, um 1150 *in Albatten*, 1152 *Albuthen*, 1257 *Albacten* und ab 1265 schließlich *Albachten*.[5]

ERKLÄRUNGSVERSUCHE

Der münsterische Domkapitular Adolf Tibus (1817–1894), der sich mit den Ortsnamen des Münsterlandes beschäftigt hat, teilte den Namen in die Bestandteile *Al-* und *-bachten*. Im ersten Teil meinte er eine angebliche Verkürzung des Wortes *alah* ‚Tempel, (heidnisches) Heiligtum‘ ansetzen zu dürfen, woraus er eine vorchristliche Kultstätte in Albachten erkennen wollte. Den zweiten Teil *-bachten* fasste er als Bezeichnung für eine ‚sumpfige, wasserreiche Gegend‘ auf.[6] Ein solches Wort gibt es aber nicht. Vermutlich ist diese Herleitung aus einer Assoziation von *-bachten* mit dem hochdeutschen Wort Bach entstanden. Doch heißt der Bach im Niederdeutschen *beke* oder *bieke*.[7] Eingehender befasste sich der münsterische Historiker und Archivar Leopold Schütte 1992 mit dem Namen. Er setzt eine Ausgangsform **Adalberhton*, **Adalbrachton* an, die er als alten Dativ (Wem-Fall) Plural (Mehrzahl) eines Personennamens *Athalbert*, *Aldberht* oder *Albrecht* betrachtet. Laut Schüttes Meinung sei Albachten somit als ‚bei den Albrechten‘ zu übersetzen. Die Siedlung wäre dann nach den Leuten eines Grundherrn oder rechtlichen Oberhauptes namens Albrecht benannt worden. Die Albrechte wären also die ‚Leute eines Albrecht‘ gewesen.[8] Dass eine solche Bildung möglich sein kann, zeigt auch der ältere Name Münsters: *Mimigernaford*, die ‚Furt der Mimigerne bzw. Leute eines Mimigern‘.[9] Ohne Grundwort (wie eben *Mimigernaford* mit dem Grundwort -*ford*) ist eine solche Ortsnamenbildung allerdings singulär.

GEWÄSSERNAME?

Daher schlägt die münsterische Ortsnamenforscherin Claudia Maria Korsmeier eine andere Lösung vor: Sie sieht in Albachten einen alten Gewässernamen **Albachta/*Albachte*. Diesen gliedert sie in die Bestandteile *alb*- mit der ursprünglichen Bedeutung ‚weiß‘, später ‚Fluss, Wasser‘, der auch in den Gewässernamen *Albe* (Nebenfluss der Saar), *Alb* (Nebenflus des Rheins) oder *Elbe* vorkomme, und dem germanischen Suffix -*ahta*, das zur Bildung von Eigenschaftswörtern gebraucht wurde. Im Namen **Albachta* läge dann ein zu einem solchen Adjektiv gebildetes Hauptwort vor: Die **Albachta* wäre also die ‚Weiße‘ oder die ‚Fließende‘ gewesen. Korsmeier ist der Meinung, es könne sich hier um den alten Namen des heutigen Offerbaches gehandelt haben.[10] Die Deutung des Ortsnamens Albachten als Ableitung von einem älteren Gewässernamen hat auch von sprachlicher Seite etwas für sich. Sie erklärt nämlich ebenfalls die Endung des Ortsnamens Albachten auf -*en*. Denn der Namenforscher Reinhold Möller hat gezeigt, dass Ortsnamen, die auf einem Gewässernamen beruhen, oftmals im

Dativ (Wem-Fall) des Flussnamens erscheinen. So ist auch der nahe Münster gelegene Ortsname Bevern (Ost- und Westbevern) gebildet worden. Bei Bevern handelt es sich um eine Dativ-Form des Gewässernamens Bever. Bevern kann daher als der ‚Ort an dem Fluss Bever' übersetzt werden.[11] Albachten könnte somit sprachlich auch der ‚Ort an der *Albachta' gewesen sein.

*ALBACHTA = OFFERBACH?

Ob der besagte Offerbach aber wirklich jemals den Namen *Albachta getragen hat, ist aus historischer Perspektive zumindest fraglich: Denn wenn der Name wirklich mit dem sehr alten Element Alb- gebildet wurde, stünde das benannte Gewässer doch aufgrund seiner Ausdehnung auffällig hinter seinen Namensvettern zurück: Die Albe ist 33 km lang, die Alb sogar 51 km und die Elbe mit ihren über 1.000 km Länge natürlich kaum mit dem Offerbach vergleichbar, der eher als kleiner Bach einzustufen ist. Paläobotanische und archäologische Untersuchungen haben jedoch ergeben, dass in Nordwestdeutschland und auch speziell im Münsterland etwa in der Zeit der Völkerwanderung (zwischen dem 4 und 6 Jahrhundert n. Chr.) die Besiedlung stark zurückging und erst im 6. Jahrhundert wieder einsetzte. Bricht aber die Siedlung ab, verschwinden in schriftlosen Kulturen auch sämtliche geographische Namen. Somit ist für Nordwestdeutschland kaum mit einem sehr alten, aber nur lokal begrenzten Gewässernamen zu rechnen. Natürlich gibt es auch hier sehr alte Flussnamen. Allerdings haften diese vorrangig an Fließgewässern überörtlicher Bedeutung wie dem Rhein, der Elbe, der Weser, der Ems oder

der Lippe. Der Zusammenhang zwischen dem Alter des Namens eines Gewässers und dessen Größe ist bisher noch nicht hinreichend untersucht worden. Es ist aber aufgrund der neueren siedlungsgeschichtlichen Erkenntnisse, die zahlreiche Brüche der Siedlungskontinuität und räumliche Verlegungen von Siedlungen vermuten lassen, anzunehmen, dass Gewässernamen, die in die ältesten Sprachstufen gehören, nur deshalb Siedlerwechsel, Siedlungsdepressionen oder -abbrüche überstehen konnten, weil sie relativ lang waren. Aufgrund dieser Länge wohnten durch die Zeiten hindurch immer Menschen an ihrem Ufer, die den alten Namen weitergeben konnten.[12]

UNGELÖSTES RÄTSEL

Das Rätsel, was der Ortsname „Albachten" ursprünglich bedeutet haben mag, bleibt also weiterhin ungelöst. Auf jeden Fall ist es kein Alkoholmissbrauch gewesen, der ihn ursprünglich motivierte. Albachten ist allerdings nicht der einzige Ort im Münsterland, dem angedichtet wurde, dass sein Name vom Alkoholkonsum der Bewohner herrühre. Auch für Bevergern (heute Stadt Hörstel, Kreis Steinfurt) ist eine ähnliche Ursprungserzählung überliefert, die bei Ortsführungen für ein Schmunzeln der Gäste sorgen dürfte. In seiner 1572 erschienenen Gewässerbeschreibung gibt der Alchemist und Arzt Leonhard Thurneisser zum Thurn (1531–1595/96) als Entstehung des Namens Bevergern folgendes Wortspiel an: Ein Franzose trifft einen deutsch sprechenden Einwohner von Bevergern und fordert diesen (auf französisch) zu trinken auf: „Befer!" (das heißt: Trink!), worauf der Bevergerner antwortet: „Gern!" Diese Aufforderung sei nicht vergessen und so der Ortsname geboren worden.[13]

Na dann, Prost!

ANMERKUNGEN

[1] Leopold Schütte, Albrecht und Albrecht, zwei Bacchanten? Überlegungen zur Deutung des Ortsnamens Albachten, in: Albachten 1142 – 1992. Geschichte, Kultur, Gemeindeleben, hrsg. v. Ulrich Töns, Norbert Espenkott u. Josef Häming, Münster 1992, S. 21–27.
[2] Ulrich van Loyen u. Gerhard Regn, Dionysos, in: Der Neue Pauly, Supplemente Bd. 5: Mythenrezeption, Stuttgart 2008, S. 230–246.
[3] Jodocus Hermann Nünning, Monumentorum Monasteriensium Decuria Prima. Loca Dioeceseos ab A Et B. inchoantia, Ordine Alphabetico proposita Inscriptionibus Et Exegesi Topographico-Historica Illustrans, Vesaliae 1747, S. 42–44.
[4] Frank L. Borchardt, Etymology in Tradition and in the Northern Renaissance, in: Journal of the History of Ideas 29 (1968), S. 415-429.
[5] Zu den Belegen mit den Nachweisen: WOB 3, S. 27.
[6] Adolf Tibus, Beiträge zur Namenkunde westfälischer Orte, Münster 1890, S. 65 u. 86.
[7] Karl Schiller u. August Lübben, Mittelniederdeutsches Wörterbuch, 6 Bde., Bremen 1875–1881, Bd. I, S. 209.
[8] Schütte, Albrecht (wie Anm. 1).

[9] Vgl. dazu auch das Kapitel „Mimigernaford – Monasterium – Münster" in diesem Band.

[10] WOB 3, S. 28.

[11] Reinhold Möller, Zur Bildung von Siedlungsnamen aus Gewässernamen in Niedersachsen, in: Beiträge zur Namenforschung. Neue Folge 16 (1981), S. 62–83.

[12] Vgl. zu diesem Problem Christof Spannhoff, Der Ortsname Lienen. Eine sprachliche und geschichtliche Studie, Norderstedt 2014, S. 45–49 mit der weiterführenden Literatur.

[13] Christof Spannhoff, Von Alstedde bis Wolfer. Ortsnamenstudien aus dem Tecklenburger Land, Norderstedt 2017, S. 22.

ANGELMODDE – ORT DER TRÜBFISCHEREI?

‚Ort, an dem man im Trüben fischt.' – Das könnte eine etwas despektierliche Übersetzung des münsterischen Ortsnamens Angelmodde sein, wenn man – ausgehend von der heutigen Lautgestalt – annimmt, dass das Wortgebilde aus den Bestandteilen *Angel-* und *-modde* bestehe. Der Ortsunkundige könnte dabei *Angel* als ‚Angelrute', also das ‚Gerät zum Fangen von Fischen', deuten und das Zweitglied *-modde* mit *Modder* oder *Moder*, also ‚schlammiger Schmutz; Schlamm, Morast', in Zusammenhang bringen. Doch geht dieser Ansatz leider an der wirklichen Bedeutung des Ortsnamens vorbei. Dass wir heute den ursprünglichen Sinn von Angelmodde nicht mehr verstehen, hängt weniger mit dem ersten Teil *Angel-* zusammen, den Ortskundige natürlich umgehend als den Namen des Gewässers, an dem der Ort liegt, erkennen: die Angel.[1] Die Schwierigkeiten beginnen beim zweiten Teil, dem *-modde*. Dieses Wort kennen wir heute nicht mehr und können daher dem Ortsnamen auch keinen richtigen Sinn geben. Hier ist also der Sprachhistoriker gefragt, Licht in das Dunkel zu bringen.

-*MODDE* = MÜNDUNG

Der Ortsname Angelmodde erscheint erstmals im Jahr 1175 in der Personenbezeichnung *Simon de Angelmuden* in einer Urkunde Bischof Hermanns von Münster für das Stift Cappenberg. Ein Jahr später erscheint die Form *Angelemuden* in einer Urkunde des münsterischen Domkapitels.[2] Es handelt sich also bei beiden Belegen wegen ihres regionalen Kontextes um das Angelmodde bei Münster. Die historischen Formen zeigen, dass das ursprüngliche Grundwort des Namens nicht -*modde*, sondern -*muden* ist. Damit gehört dieser Bestandteil zu altniederdeutsch *mûth* ‚Mund‘ im Sinne von ‚Mündung‘ (*û* bezeichnet ein langes *u*). Der noch im Altniederdeutschen vorhandene Zahnreibelaut *th* (wie in Englisch *mouth* ‚Mund‘) entwickelte sich später regelmäßig zu *d*. So wird aus altniederdeutsch *thorn* mittelniederdeutsch *dorn*, aus *thîstil* wird *distel* oder aus *thiustri* schließlich *düster*. Die Reihe ließe sich unschwer verlängern. *Angelmodde* ist somit der ‚Ort an der Angelmündung‘ bzw. ‚Ort, an dem die Angel (in die Werse) mündet‘. Das altniederdeutsche Wort *mûth* für den ‚Mund‘ oder die ‚Mündung‘ entstand dadurch, dass in den nordseegermanischen Sprachen, also dem Altenglischen, Altfriesischen und auch dem Altniederdeutschen, das n vor den Reibelauten s, f und th (siehe oben) geschwunden ist. Der vorangehende Vokal (Selbstlaut) wurde dabei gedehnt. Dieser Vorgang erklärt auch den bis heute festzustellenden Unterschied zwischen niederdeutsch *fief*, englisch *five* und hochdeutsch *fünf*, niederdeutsch *gôs, gaus*, englisch *goose*, hochdeutsch

Gans oder niederdeutsch *us*, englisch *us* und hochdeutsch *uns*. Allerdings hielt dieser Lautwandel beim Wort *mûth* nicht durch, denn im anschließenden Mittelniederdeutschen (1200 bis 1650) finden wir wieder die Form *mund* mit einem *n*.[3] Gerade deshalb können aber selbst Sprecher des Plattdeutschen Angelmodde heute nicht ohne weiteres übersetzen. Damit besitzt der Ortsname eine sprachgeschichtliche Besonderheit. Allerdings ist er trotzdem nicht einzigartig, denn das altniederdeutsche Wort *mûth* kommt noch in anderen niederdeutschen Ortsnamen vor, z.B. Kattermuth (1296 *Katermute*) bei Mettingen (Kreis Steinfurt).[4] 830/890 erscheint zudem *Stiuarna muthi*, also die ‚Mündung der Stever‘, 1012/18 *Tongeremuthi*, die ‚Mündung des Tangers‘, 1162 *Bilnemuthe*, die ‚Mündung der Bille‘, im 10. Jahrhundert *Lathamuthon*, bei der ‚Mündung der Leda‘ und weitere.[5] Auch im Erstglied konnte das Wort *mûth* vorkommen. So findet sich im um 1100 entstandenen Freckenhorster Heberegister ein Ort *te Mudelare* (möglicherweise Haus Möhler bei Herzebrock-Clarholz, Kreis Gütersloh), der als ‚Mündungssiedlung‘ zu übertragen ist (zu -[h]*lar* ‚Zaun, Gerüst, Siedlung‘).[6]

DIE ANGEL

Der Gewässername Angel erscheint bereits vor der Erstnennung der Siedlung Angelmodde ebenfalls im Freckenhorster Heberegister aus der Zeit um 1100 als *Angela*. Damals wurde der spätere Hof *tor Angel* oder *Angelmann* zwischen Ennigerloh und Beckum als *van thero Angela* bzw. *bi thero Angela*, also ‚bei der Angel‘ benannt. 1384 taucht der Gewässername in der Benennung *Hovemans upper Angele* auf, Ende 14. Jahrhunderts als *des Wyttenhove up der Angele* oder als *Brucgehus tor Angle* bzw. 1412 als *Brugehus tor Angele*. Hier gab es also eine Brücke über den heute gut 40 km langen Fluss, der etwa 2 km östlich von Neubeckum entspringt.[7] Der Namenforscher Albrecht Greule stellt den Bachnamen in seinem 2014 erschienenen „Deutschen Gewässernamenbuch" als sogenannte l-Ableitung entweder zu dem germanischen Vorläufer unseres heutigen Wortes eng im Sinne von ‚schmal', das **angu-* gelautet haben dürfte (mit * werden nicht belegte, sondern erschlossene Formen gekennzeichnet). Oder aber der Flussname gehört zu germanisch **ang-* biegen, was auch wegen der vielen Richtungswechsel der Angel einen Anhalt hätte.[8] Die Angel, alt *Angela*, ist also entweder der ‚enge Bach' oder das ‚Fließgewässer mit Biegungen' gewesen. Ein ähnlicher Gewässername findet sich auch im von diesem abgeleiteten Ortsnamen Engelen im niederländischen Noordbrabant, der 1147 als *de Angle*, 1186 als *de Engle* erscheint und auf eine Urform **Angila* zurückzuführen ist. Das *i* bewirkte dann den Umlaut von *a* zu *e*, also den Übergang von *Ang(i)le* zu *Engle*. Da die Angel bei Angelmodde aber bis heute ihr altes *a* behalten hat, ist für sie eher eine Frühform **Angula* oder **Angala* (also ohne *i*) anzusetzen.[9]

FAZIT

Angelmodde ist also zu übersetzen als die ‚Mündung der Angel (in die Werse)' und die Angel war – ausweislich ihres Namens – entweder der ‚enge Bach' oder der ‚Fluss mit Biegungen'.

ANMERKUNGEN

[1] Detlef Fischer, Münster von A bis Z. Wissenswertes in 1500 Stichworten über Geschichte, Kunst und Kultur, Münster 2000, S. 21.

[2] Paul Derks, *ham* und *hlâr-*. Zaun und Hegung in westfälischen Ortsnamen, Lage 2019, S. 80 Anm. 355; WOB 3, S. 37 f.

[3] Paul Derks, Trigla Dea und ihre Genossen. Drüggelte und sein angeblicher Heidentempel. Ein Literaturbericht mit Ausblicken nach Ense, Bremen und Wormbach, in: Soester Zeitschrift 101 (1989), S. 5–78, hier S. 21.

[4] Christof Spannhoff, Von Alstedde bis Wolfer. Ortsnamenstudien aus dem Tecklenburger Land, Norderstedt 2017, S. 58 f.

[5] Albrecht Greule, Deutsches Gewässernamenbuch. Etymologie der Gewässernamen und der zugehörigen Gebiets-, Siedlungs- und Flurnamen, Berlin 2014, S. 60, 305, 514, 528.

[6] Derks, *ham* (wie Anm. 2), S. 80.

[7] WOB 3, S. 36.

[8] Greule, Gewässernamenbuch (wie Anm. 5), S. 37.

[9] Ebd.; Paul Derks, Die Siedlungsnamen der Stadt Lüdenscheid. Sprachliche und geschichtliche Untersuchungen, Lüdenscheid 2004, S. 230.

Fischzäune oder Fischwehre in einem Fluss

Kupferstich aus den „Georgica Curiosa Aucta" von Wolf
Helmhardt von Hohberg, Bd. 2, Nürnberg 1695, S. 569.

RAUSCHENDE WASSER
UND FISCHWEHRE

„Es klappert die Mühle am rauschenden Bach" – so beginnt ein Volks- und Kinderlied aus der Zeit der Romantik, in dem das Müller- und Bäckerhandwerk besungen werden. Der Liedtext, der dem Schulmeister Ernst Anschütz (1780–1861) zugeschrieben wird, zeigt aber auch, dass Flüsse und Bäche nach ihrem Fließgeräusch – dem Rauschen – charakterisiert werden können.[1]

GELMER

Das ist auch der Fall beim münsterischen Ortsnamen Gelmer, der ursprünglich auf einen Gewässernamen zurückgeht, der dann auf die an diesem Bach gelegene Siedlung übertragen wurde.[2] Im 11. Jahrhundert erscheint der Name in den Formen *Galmeri* und *Galmere*.[3] Der Ortsnamenforscher Hermann Jellinghaus (1847–1929) nahm an, dass der Name in die Bestandteile *Gal-* und *meri/mere* zu zerlegen sei. Im Grundwort erkannte er das Wort altniederdeutsch *meri*, mittelniederdeutsch *mere* ‚Wasserstelle, See' und vermutete im ersten Teil des Namens das Wort niederdeutsch *galle*, das angeblich die Bedeutung ‚nasse, quebbige [weiche] Stelle im Felde' haben soll.[4] Die münsterische Ortsnamenforscherin Claudia Maria Korsmeier geht allerdings von einer anderen Erklärung aus. Sie erwägt einen Gewässernamen, der mit einem *r*-Suffix zu altniederdeutsch *galm*, mittelniederdeutsch *galm* ‚Schall, Lärm' gebildet wurde. Ein Suffix ist ein unselbständiges Wortbildungselement, das zur Bildung eines Wortes an ein Wort oder einen Wortstamm angefügt wird. Heutige Suffixe sind z.B. *-heit*, *-keit*, *-lich*, *-ung* etc. (*Gesund-heit, Heiter-keit, lieb-lich, Umleit-ung*). Korsmeier setzt für Gelmer die ursprüngliche Form **Galmara* ‚die Rauschende' an, die dann vermutlich einen Gewässerabschnitt bei der Mündung der Werse in die Ems benannte. Das Suffix ist hier (mit Bindevokalen) also als *-ara* zu bestimmen. Motiviert wurde der Name dann durch die Lautstärke des zusammenfließenden Wassers.[5] In den frühen Belegen erscheint der Name im Dativ (Wem-Fall) Singular (Einzahl) mit der Endung *i*. Dieses *i* sorgte dann auch dafür, dass aus dem *a* in Galmeri ein *e* wurde, wie es heute in Gelmer erscheint. Denn ein *i* in der Nebensilbe bewirkt Umlaut bei einem umlautfähigen Vokal (*a, o, u*). Zu vergleichen ist das Nebeneinander von *Macht* und *mächtig, Nacht* und *nächtlich* oder *Not* und *nötig*.[6] Der Ortsname Gelmer war also ursprünglich ein Gewässername (**Galmara*) – und zwar ein Abschnittsname der heutigen Werse –, der dann auf die Siedlung übergegangen ist.

WERSOTHORP

Auch der Gewässername Werse hat in Münster einen Ortsnamen geprägt – allerdings in anderer Form als im Beispiel Gelmer. Hinzu kommt, dass dieser einstige Ortsname heute nicht mehr existiert. Es handelt sich um *Wersothorp*, das in dieser Form 1022/23 erstmals erscheint und Mitte des 11. Jahrhunderts *van Wersetharpa* und *van Uuersitharpa* lautet. Hier liegt keine Ableitung mit einem Suffix wie bei Gelmer vor, sondern eine Zusammensetzung aus zwei Wörtern (*Haus-tür*). Das Grundwort des Namens, also der zweite Teil, ist altniederdeutsch *thorp*, mittelniederdeutsch *dorp* ‚Wohnstätte, Dorf, Siedlung'. Der erste Teil – das Bestimmungswort, das das Grundwort näher bestimmt – ist der Gewässername Werse. Somit ist der Ortsname als ‚Dorf/Siedlung an der Werse' zu erklären. Die Siedlung lag im Bereich des Kirchspiels Handorf, ihr Name ist heute aber verschwunden.[7]

WERSE

Bei dem Namen des Gewässers Werse handelt es sich um eine Bildung mit dem häufigen Gewässernamen-Suffix *-s-*, das über einen langen Zeitraum produktiv gewesen ist. So finden sich sowohl vor als auch nach Christi Geburt Gewässernamen, die mit diesem Suffix gebildet wurden. Zu den ersten Namen gehört die Ems, römerzeitlich *Amissis, Amisia*, zu indogermanisch **am-* ‚Flussbett, Graben, Kanal', an das das *s*-Suffix mit Bindevokal *-isi* angehängt wurde. Diese Wortwurzel **am-* des nicht überlieferten, sondern rekonstruierten Indogermanischen wurde aus dem Vergleich hethitischer, albanischer und griechischer Wörter gewonnen.[8] In altniederdeutscher Zeit ist der Gewässername im Raumnamen *Emisga* Mitte des 9. Jahrhunderts verfugt. Durch den Bindevokal des Suffixes *i* wurde das *a* der Stammsilbe zu *e* umgelautet (s.o.). Die übrigen Vokale wurden dann im Laufe der Zeit ebenfalls zu e abgeschwächt: *Amisia* > **Emisia* > *Emisa* > *Emesa* > **Emese* > *Emse* > *Ems*.

Ein Beispiel für die Verwendung des *s*-Suffixes in germanischen Gewässernamen ist der Moersbach in Moers, der Anfang des 10. Jahrhunderts bereits als Ortsname *in Murse* < **Môr-isa* ‚Sumpf-Bach‘, zu altniederdeutsch *môr*, althochdeutsch *muor* ‚Sumpf, Moor‘, erscheint. Somit ist auch für den Gewässernamen Werse bei Münster eine solche Bildung anzunehmen und von einer Grundform **War-isi* / **War-isa* oder **Wer-isi* / **Wer-isa* auszugehen. Doch an welches Wort wurde dieses Gewässernamen-Suffix *-s* angehängt?

In den germanischen Sprachen bieten sich zwei ähnlich lautende, aber nicht verwandte Anschlüsse an: zum einen germanisch **wer* / **war* in der Bedeutung ‚Wasser‘. Dieses Wort ist noch im Altenglischen als *waer* ‚Wasser, See‘, im Althochdeutschen *warah* oder im Mittelhochdeutschen *warch* ‚trübes Wasser, Schleim, Eiter‘ bezeugt. Zum anderen lässt sich der Gewässername mit altsächsisch *wer, war, wara* ‚Hegung, Stauwehr, Schutzwehr, Fischzaun‘ verbinden. Der Gewässername Werse geht also entweder auf das Wasser selbst zurück (wie viele andere Gewässerbezeichnungen auch, z.B. die zahlreichen Aa-Bäche, von altniederdeutsch *aha* ‚fließendes Wasser') oder auf ein Stauwehr oder einen Fischzaun (zum Fischfang) im Fluss.[9]

ANMERKUNGEN

[1] Das Volksliederbuch. Über 300 Lieder, ihre Melodien und Geschichten, hrsg. u. mit Erläuterungen versehen v. Heinz Rölleke, Köln 1993, S. 333.

[2] Edward Schröder, Bachnamen und Siedlungsnamen in ihrem Verhältnis zueinander, in: Nachrichten von der Akademie der Wissenschaften zu Göttingen, Phil.-hist. Klasse, Neue Folge, Fachgruppe IV, Bd. 3 (1940/41), S. 1–15.

[3] WOB 3, S. 159 f.

[4] Hermann Jellinghaus, Die westfälischen Ortsnamen nach ihren Grundwörtern, 3. vermehrte Ausgabe, Osnabrück 1930, S. 69.

[5] WOB 3, S. 160.

[6] Paul Derks, Die Siedlungsnamen der Stadt Lüdenscheid. Sprachliche und geschichtliche Untersuchungen, Lüdenscheid 2004, S. 230.

[7] WOB 3, S. 423 f.

[8] Neuerdings vertritt Albrecht Greule, Deutsches Gewässernamenbuch. Etymologie der Gewässernamen und der zugehörigen Gebiets-, Siedlungs- und Flurnamen, Berlin 2014, S. 126 f. die Ansicht, der Gewässername Ems sei an germanisch *am(a)- ‚bedrängen, zusetzen' – bezogen auf die Wasserkraft – anzuschließen.

[9] Christof Spannhoff, Werisun – Wersene – Wersen. Der Ortsname Wersen (Gemeinde Lotte, Kreis Steinfurt), in: Nordmünsterland. Forschungen und Funde 4 (2017), S. 257–264.

Das Große Torfmoor bei Lübbecke-Nettelstedt
Foto: Sebastian Schröder (2018)

VOM SCHAURIGEN MOOR

„Terra etsi aliquanto specie differt, in universum tamen aut silvis horrida aut paludibus foeda" – „Das Land bietet im einzelnen verschiedene Gestaltungen, aber der allgemeine Charakter ist schauriger Urwald und düsterer Moorgrund". So beschrieb der römische Geschichtsschreiber Publius Cornelius Tacitus (* um 58 n. Chr.; † um 120 n. Chr.) in seiner 98 n. Chr. verfassten Schrift „Germania" die Landschaft des damaligen Deutschlands.[1] Auch gut 1750 Jahre später verbreitete das Moor in Nordwestdeutschland noch Schrecken, den Annette von Droste-Hülshoff (1797–1848) lyrisch verarbeiten konnte. Im erstmals 1842 erschienenen Gedicht „Der Knabe im Moor" heißt es in der ersten Strophe: „O schaurig ist's übers Moor zu gehn, / Wenn es wimmelt vom Heiderauche, / Sich wie Phantome die Dünste drehn / Und die Ranke häkelt am Strauche, / Unter jedem Tritte ein Quellchen springt, / Wenn aus der Spalte es zischt und singt! – / O schaurig ist's übers Moor zu gehn, / Wenn das Röhricht knistert im Hauche!"[2]

MOOR UND SUMPF IN ORTSNAMEN

Moor- und Sumpfgegenden machten also einen wesentlichen Teil der menschlichen Lebenswelt der Vormoderne aus, bevor durch Trockenlegung und Kultivierungsmaßnahmen diese Biotope bis auf kleine, heute verbliebene Reste verschwanden.[3] Dass gerade der nordwestdeutsche Raum von Feuchtgebieten geprägt war, zeigt auch die Vielzahl der damit einhergehenden niederdeutschen Begriffe: *Schloot, Schlenke, Siek, Siepen, Welle, Spring, Sod, Born, Pütt, Ohl, Stroot/Struut, Goor, Fledder, Brunkel, Pohl, Poot, Fenn, Meer, Marsch, Brook* usw., die alle auf Quellen, Wasser und Sumpf verweisen. Die weit verbreitete Bodennässe schlug sich daher selbstverständlich auch in der Ortsnamenlandschaft nieder.[4] Weil viele Siedlungen den Namen der Flur übernahmen, auf oder bei der sie entstanden waren, dauert die Erinnerung an dieses vergangene Landschaftsbild in der Namenwelt bis heute an. Auch auf dem Gebiet der jetzigen Stadt Münster finden sich Namen, die auf Moor und Sumpf zurückgehen. Besonders häufig ist das Sumpfwort *Brock*, das zudem als Simplex in Ortsnamen erscheint.

BROCK

So finden wir eine Bauerschaft Brock zwischen Roxel und Havixbeck an der Grenze zum Kreis Coesfeld. Um 1336 heißt es: „domus van den Broke prope Havekesbeke", also das ‚Haus van den Broke bei Havixbeck'. 1386 ist von der „Brockburscap" im Kirchspiel Roxel die Rede.[5] Das andere münsterische Brock liegt in der Bauerschaft Loevelingloh – etwa zwei Kilometer südlich von Mecklenbeck – und ist seit dem Ende des 14. Jahrhunderts nachweisbar. Es handelte sich ursprünglich um zwei Bauernhöfe gleichen Namens, die durch die lateinischen Zusätze „magna" (groß) und „parva" (klein) unterschieden wurden. Bereits 1498 kommt dann nur noch „Johan ten Broke" vor.[6]

Dem niederdeutschen *brôk* entspricht hochdeutsch *Bruch*. Mit Knochen- oder anderen Frakturen hat dieses Wortfeld allerdings nichts zu tun, weil noch im Altniederdeutschen noch genau zwischen *bruki* ‚Bruch, Riss, Fraktur' und *brôk* ‚Sumpf, Moor' unterschieden wurde. Mit *brôk* bezeichneten die Menschen eine ‚tiefliegende, von Wasser durchsetzte und mit Gehölz bestandene Fläche'. Doch ein *brôk* war kein unwirtliches Areal abseits menschlicher Siedlung, sondern ein Gebiet, das durchaus in land- und holzwirtschaftlicher Nutzung stand. Als Gemeinheitsgrund diente es zur Brennholzgewinnung und zur Viehweide. Letzteres zeigt etwa der Ortsname Herzebrock, der auf älteres, 976 genanntes „Horsabruoca", also ‚Pferde-Sumpf' (zu altniederdeutsch *hross* [mit r-Umsprung, vgl. englisch *horse*] ‚Pferd' zurückgeht.[7] Ein Ossenbrock bei Bissendorf deutet gleiches für die Ochsen an (zu altniederdeutsch *ohso*, mittelniederdeutsch *osse* ‚Ochse').[8]

UHLENBROCK

Im Stadtgebiet Münsters kommt noch der Ortsname Uhlenbrock (Haus Uhlenbrock) hinzu, der 1176 als „in Vlenbrokeh" erscheint (V = U; das ungewöhnliche h am Ende erscheint bei allen auf e auslautenden Ortsnamen der betreffenden Urkunde).[9] Hier ist also entweder ein ‚Eulen-

Bruch' anzutreffen (zu altniederdeutsch *ûla* ‚Käuzchen'
[< *ûwila* ‚Eule'], mittelniederdeutsch *ûle* ‚Eule') oder aber
ein altes Wasser- und Sumpfwort **ul-*, **ol-*, das auch in Uel-
de bei Anröchte und Oelde im Münsterland sowie in den
Flurnamen „to der Ulen" (1333), Uhlenberg und dem zugehörigen Bachnamen Ulenbach bei Melle (Landkreis Osnabrück) enthalten ist.[10]

BRIRUP UND SONNENBORN

Auf nassen Boden und Wasser gehen auch die münsterischen Ortsnamen Brirup und Sonnenborn (Wüstung) zurück. Erster, der in Albachten an der Grenze zu Mecklenbeck zu verorten ist, erscheint erstmals vor 1220 als
„Bridorpe". Während das Grundwort des Namens das häufige niederdeutsche -dorp ist, hier vermutlich in der Bedeutung ‚Einzelhof' oder ‚kleine Siedlung', steckt im Erstglied
niederdeutsch *brî* ‚Brei'. Der Vergleich mit einer breiigen
Masse dürfte sich auf die Bodenbeschaffenheit der Umgebung der Siedlung beziehen.[11] Der Name Sonnenborn, der
heute nicht mehr existiert und südlich von Hiltrup zu lokalisieren ist, wird bereits um 900 in den Werdener Urbaren
als „in Sunnobrunnon" genannt.[12] Das altniederdeutsche
Wort *brunno* ‚Brunnen, Quellwasser' entwickelte sich durch
sogenannten R-Sprung (Metathese) *-ru > -or* zu mittelniederdeutsch *born* (vgl. gotisch *brusts*, althochdeutsch *brust*,
aber mittelniederdeutsch *borst* ‚Brust').[13] Es handelt sich
also ursprünglich um den Namen einer Quelle, die offen-
sichtlich öfter der Sonne ausgesetzt war oder nach Süden,
zur Sonne hin lag (zu altniederdeutsch *sunno* ‚Sonne'). Son-

nenborn ist also die ‚Sonnen-Quelle'. Der Name ging dann auf die Siedlung an dieser Wasserstelle über.[14]

FAZIT

Dieser kurze Überblick über einige heimische Ortsnamen verdeutlicht, dass auch Sümpfe und feuchte Böden Motiv zur Benennung menschlicher Siedlungen sein konnten. Ob das Leben dort wirklich so schaurig war, wie es die früheren Literaten beschrieben? Gleichwohl haben sich die Menschen schon damals an den Gruselgeschichten über Sümpfe und Moore erfreut.

ANMERKUNGEN

[1] Tacitus, Germania, Kapitel 5.

[2] Gesammelte Schriften von Annette Freiin von Droste-Hülshoff, hrsg. v. Levin Schücking, 3 Bde., Stuttgart 1878/79, Bd. 1: Lyrische Gedichte, S. 115 f.

[3] Rita Gudermann, Morastwelt und Paradies. Ökonomie und Ökologie in der Landwirtschaft am Beispiel der Meliorationen in Westfalen und Brandenburg (1830–1880), Paderborn u.a. 2000.

[4] Gisbert Strotdrees, Im Anfang war die Woort. Flurnamen in Westfalen, 2. Aufl., Münster 2018.

[5] WOB 3, S. 83.

[6] Ebd.

[7] Karl Schiller u. August Lübben, Mittelniederdeutsches Wörterbuch, 6 Bde., Bremen 1875–1881, Bd. 1, S. 427 f.; Paul Derks, Die Siedlungsnamen der Stadt Gladbeck in Westfalen. Sprachliche und geschichtliche Untersuchungen, Gladbeck/Westf. 2009, S. 55–63.

[8] Günther Wrede, Geschichtliches Ortsverzeichnis des ehemaligen Fürstbistums Osnabrück, 3 Bde., Hildesheim 1975–1980, Bd. 2, S. 119, Nr. 1120; WOB 3, S. 302.

[9] WOB 3, S. 389 f.

[10] Birgit Meineke, Die Ortsnamen des Kreises Lippe, Bielefeld 2010 (Westfälisches Ortsnamenbuch 2), S. 482 f.

[11] WOB 3, S. 82.

[12] WOB 3, S. 359.

[13] Paul Derks, Die Siedlungsnamen der Stadt Sprockhövel. Sprachliche und geschichtliche Untersuchungen, Bochum 2010, S. 37 f. (mit dem Beispiel Sonneborn).

[14] WOB 3, S. 360.

COERDE

RADRENNEN, LOCKEN UND KRÜMMUNGEN

Was haben der Name des münsterischen Ortsteils Coerde und der Sparkassen Münsterland Giro miteinander zu tun? Auf den ersten Blick anscheinend recht wenig. Denn die Strecke des eintägigen münsterländischen Radsportrennens, dessen Austragung seit 2006 jährlich am 3. Oktober stattfindet, hat bislang nicht einmal durch Coerde geführt. Und doch verbindet beide eine Gemeinsamkeit: Sowohl der Ortsname Coerde als auch das aus dem Italienischen stammende Wort *Giro* haben den gleichen sprachgeschichtlichen Ursprung. Das italienische *giro*, das ‚Kreis, Umlauf‘ bedeutet und übrigens auch unserem Girokonto den Namen gegeben hat, geht auf eine indogermanische Wurzel *gēur-* ‚biegen, krümmen, wölben‘ zurück. Diese Wurzel hat nicht nur in den romanischen, sondern auch in den germanischen Sprachen gewirkt. *gēur-* ‚biegen, krümmen, wölben‘ liegt beispielsweise in altnordisch *kārr*, englisch *curl* ‚Locke‘ vor.

COERDE

Auch der Ortsname Coerde, der erstmals 1022/23 in einer Urkunde als *Curithi* genannt wird, ist sehr wahrscheinlich hier anzuschließen, wie die münsterische Ortsnamenforscherin Claudia Maria Korsmeier herausgefunden hat.[1] Der Name ist, wie seine älteste Form zeigt, aus dem Erstglied *Cur-* und einem Element *-ithi* gebildet, das von der Sprachwissenschaft als Suffix bezeichnet wird. Unter einem Suffix versteht man ein unselbständiges Wortelement, das zur Bildung eines neuen Begriffes an ein anderes Wort oder einen Wortstamm angefügt wird. So wird etwa aus dem Eigenschaftswort *heiter* durch das Anhängen des Suffixes *-keit* das Hauptwort *Heiterkeit*. In Ortsnamen zeigt *-ithi* an, dass das, was im ersten Teil des Namens steht, an der benannten Stelle vorhanden gewesen ist.[2] Coerde bzw. *Curithi* meint also ursprünglich einen Ort, an dem etwas krumm oder gebogen ist bzw. Krümmungen oder Biegungen vorhanden waren. Claudia Maria Korsmeier vermutet, dass es sich dabei möglicherweise um die leichten und nur um etwa drei Meter gegenüber der Münsterischen Aa erhöhten Anhöhen gehandelt haben könnte, auf denen Haus Coerde liegt. Diese Erhebungen bilden Krümmungen und Vorsprünge, die wegen der leicht erhöhten Lage Sicherheit vor Überschwemmungen boten.[3]

-ITHI-SUFFIX

Doch dass es sich bei dem Bestandteil *-ithi*, der in sehr vielen alten norddeutschen Ortsnamen vorkommt, um ein solches Suffix handelt, ist der Namenforschung noch gar nicht so lange bekannt. Die ältere Forschung dachte nämlich, dass es sich bei *-ithi* um ein eigenständiges Wort handele. Noch bis heute spukt daher in der Orts- und Heimatliteratur eine angebliche Wortbedeutung *ithi* = ‚Heide, Weidegrund‘ herum. Urheber dieser Gleichung war der münsterische Domkapitular Adolf Tibus (1817–1894), der sich auch mit der Geschichte des Münsterlandes beschäftigt und dazu mehrere Schriften und Aufsätze verfasst hat. Tibus interessierten auch die Ortsnamen der Region. Dabei war der katholische Geistliche der Ansicht, dass man der wirklichen Bedeutung eines Namens nur auf die Spur kommen könne, wenn man ihn richtig geographisch bestimme. Nach diesem Grundsatz ging er auch bei einem sehr altertümlichen Namen vor, der 872 als *Ivorithi*, um 890 als *Ebirithi* in Erscheinung tritt. Im ersten Teil des Wortes erkannte Tibus richtig altniederdeutsch *evur* ‚Eber, männliches Schwein‘. Da der gesuchte Ort nach Ausweis der Schriftstücke, in denen er genannt wird, in der Nähe von Wildeshausen lag, machte sich Tibus auf die Suche, wo dieser Ort in der Umgebung gelegen haben könnte. Und mit der Eber- oder Schweinsheide zwischen Wildeshausen und Delmenhorst meinte er, diese Örtlichkeit auch gefunden zu haben. Weil Tibus den ersten Teil des Namens als *evur* ‚Eber‘ identifiziert hatte, war für den Domkapitular nun vollkommen klar, dass der Rest *-ithi* folglich ursprünglich ‚Heide, Weidegrund‘ bedeutet haben müsse: ‚Eber-Heide‘ war also seiner Meinung nach die genaue Übersetzung von *Ebir-ithi*. Tibus sah in *-ithi* vermutlich eine Entstellung aus altniederdeutsch *hêtha* ‚Heide‘.[4] Der Namenforscher Hermann Jellinghaus nahm diese Erklärung auf und machte sie mit seinem auflagenstarken Buch „Die westfälischen Ortsnamen nach ihren Grundwörtern" populär.[5] Seitdem geistert die Gleichung *ithi* = ‚Heide' durch zahlreiche Namenlexika, Ortschroniken und Heimatbücher. Allerdings haben die Namenforscher Jürgen Udolph und Reinhold Möller 1991/1992 unabhängig voneinander nachgewiesen, was bereits der Historiker Wilhelm Arnold 1875 vermutet hatte[6], nämlich dass es sich bei *-ithi, -idi*, später abgeschwächt zu *-ethe, -ede* (entstanden aus germanisch *-ithja*), um kein selbständiges Wort handelt, sondern um ein Suffix. Die Nachsilbe drückt in Ortsnamen – wie gesagt – das ‚Vorhandensein von etwas' aus. In der Regel handelt es sich dabei um Eigenschaften der Umgebung, z.B. die Art des Bodens, die Form des Geländes, Flora oder Fauna.[7] Coerde ist übrigens der einzige *ithi*-Ortsname im heutigen Stadtgebiet Münsters. Abschließend bleibt noch die Frage zu stellen, ob das *oe* in Coerde als ein *ö* wie in Oelde oder als langes *ô* wie in Coesfeld zu sprechen ist. Die Antwort ist hier eindeutig: Es handelt sich um ein *ö*, weil das *i* im Suffix *-ithi* den vorangehenden Vokal *o* umgelautet hat. Das ist ein regelhafter Vorgang. So finden wir auch heute noch *mächtig* neben *Macht* oder *prächtig* neben *Pracht*. In *mächtig* und *prächtig* wurde das *a* ebenfalls wegen des nachfolgenden *i* zu *ä* umgelautet.[8]

ANMERKUNGEN

[1] WOB 3, S. 92 f.

[2] Reinhold Möller, Dentalsuffixe in niedersächsischen Siedlungs- und Flurnamen in Zeugnissen vor dem Jahre 1200, Heidelberg 1992; Jürgen Udolph, Die Ortsnamen auf *-ithi*, in: Probleme der älteren Namenschichten, hrsg. v. Ernst Eichler, Heidelberg 1991, S. 85–145.

[3] WOB 3, S. 93.

[4] Adolf Tibus, Beiträge zur Namenkunde westfälischer Orte, Münster 1890, S. 60–62.

[5] Hermann Jellinghaus, Die westfälischen Ortsnamen nach ihren Grundwörtern, 3. Aufl., Osnabrück 1923, S. 57. Dazu auch Paul Derks, Der Siedlungsname Günne, in: Günne 1190–1990. Beiträge zur Geschichte einer ehemals kurkölnischen Landgemeinde, hrsg. von Ulrich Löer, Werl 1990, S. 16–21, hier S. 16.

[6] Wilhelm Arnold, Ansiedelungen und Wanderungen deutscher Stämme zumeist nach hessischen Ortsnamen, Marburg 1875, S. 304–308.

[7] Wie Anm. 2.

[8] Paul Derks, Die Siedlungsnamen der Stadt Lüdenscheid. Sprachliche und geschichtliche Untersuchungen, Lüdenscheid 2004, S. 230.

Die Nienberger Kirche
Foto: Christof Spannhoff (2018)

WANDERNDE ORTSNAMEN

WIE DIE NAMEN ALTENBERGE, NIENBERGE UND ALDRUP ENTSTANDEN SIND

Der nordwestliche münsterische Ortsteil Nienberge, der durch die kommunale Gebietsreform 1975 eingemeindet wurde, trägt einen kuriosen Namen: 1142 erscheint er als „Nigenberge", 1200 dann bereits als „Nienberge".[1] Derjenige, der des Plattdeutschen mächtig ist, wird den Ortsnamen leicht ins Hochdeutsche übersetzen können: „Neuenberge". Doch was soll das bedeuten? Geht der Name Nienberge etwa auf ein Ereignis zurück, das man sich in dem Kinofilm „Der Engländer, der auf einen Hügel stieg und von einem Berg herunterkam" (1995) unterhaltsam ansehen kann? Haben die Einwohner von Nienberge etwa einst in einer Art Schildbürgerstreich einen „neuen Berg" aufgeschüttet, von dem dann der Ort seinen Namen bekam?

KEIN BERG IN NIENBERGE

Problematisch ist daran, dass es in Nienberge gar keine charakteristischen Erhebungen gibt, die den Namensbestandteil -*berge* hätten motivieren können. Die Antwort auf diese Frage erhält man vielmehr, wenn man die heutige münsterische Stadtgrenze unberücksichtigt lässt und den Blick über den Tellerrand wagt. Denn nordwestlich an Nienberge grenzt die Gemeinde Altenberge an. Nur wenn man diese beiden Ortsnamen in Beziehung setzt, kommt man zur Lösung des Rätsels. Wir haben es hier mit der „Wanderung" eines Ortsnamens zu tun, wie sie gar nicht so selten anzutreffen ist. Der „Berg", auf den sich der Namenteil -*berge* sowohl in *Nien-* als auch in Altenberge bezieht, liegt in Altenberge. Diese Siedlung wird ursprünglich nur „Berge" geheißen haben. Das ist allerdings nicht zu belegen, weil der Ort bereits bei seiner Ersterwähnung 1142 „Aldenberge" heißt. Aber es ist zu vermuten.[2] In Altenberge bestand damals wahrscheinlich auch schon eine Kirche. Als dann irgendwann vor 1142 auch im Bereich Nienberges eine weitere Kirche (von Altenberge aus) gebaut und ein neues Kirchspiel eingerichtet wurde, wanderte der Name Berge auch nach Nienberge. Zur besseren Unterscheidung wurde das alte Berge nun „Altenberge" genannt, das neue Berge hingegen „Nienberge". Das Namengrundwort wanderte also im Zuge der Nienberger Kirchengründung von Altenberge nach Nienberge, obwohl es in Nienberge gar keinen Berg gab, der den Namen gerechtfertigt hätte.

NAMENWANDERUNGEN

Solche Wanderungen von Ortsnamen finden sich auch andernorts und sie stehen fast immer mit Kirchengründungen in Zusammenhang. So liegt etwa die alte Siedlung von Melle im Landkreis Osnabrück im heutigen Altenmelle. Mit der

Gründung der Kirche in einiger Entfernung wanderte der Name Melle zum Kirchenstandort, während für die alte Siedlung ohne Kirche der Name Altenmelle genutzt wurde. Das ein alter Ortsname sich vielfach zum neuen Kirchenstandort verlagerte, hängt damit zusammen, dass mit der Gründung einer Kirche ein völlig neues Siedlungszentrum geschaffen wurde.[3] Als kultischer Mittelpunkt wurde der Standort einer Kirche funktional aus der Reihe der benachbarten Siedlungen ohne Gotteshaus herausgehoben. Er wurde somit wichtiger als die anderen. Und so verlagerte sich der Name der vormaligen Hauptsiedlung zum jüngeren Kirchstandort. Man fragt sich natürlich, warum die Kirchen nicht inmitten der alten Siedlungen angelegt wurden. Das hängt damit zusammen, dass eine Kirche auch im Mittelalter nicht einfach auf „grüner Wiese" errichtet werden konnte, sondern eines Grundstücks bedurfte, das zum Bau zur Verfügung gestellt wurde. Ferner mussten die Bau- und Unterhaltskosten für das Kirchengebäude sowie die Versorgung des Priesters gewährleistet sein. Eine Kirchengründung war also auch ein nicht zu unterschätzender finanzieller Kraftakt, den nur begüterte Personen bewältigen konnten. Deswegen wurden zahlreiche Kirchen auf sogenannten Herrenhöfen gegründet. Und diese Herrenhöfe lagen sehr häufig eben nicht innerhalb der Altsiedlung, sondern von dieser entfernt.[4] Daher erklärt es sich, dass viele Kirchen in einiger Distanz zu den Altsiedlungen lagen und somit auch der Ortsname „wandern" konnte. Der Begriff Herrenhof suggeriert, dass es sich bei diesem nur um Höfe einzelner Adeliger und weltlicher Großer handelte. Doch werden auch große Hofanlagen von kirchlichen Institutionen und Würdenträgern als solche bezeichnet. Sie dienten in großen Grundherrschaften dazu, den oftmals weit verstreuten Besitz zu verwalten, indem die Herrenhöfe den kleineren bäuerlichen Hofstellen übergeordnet waren. Die Verwalter der Herrenhöfe zogen die Abgaben der unterstellten Bauern ein und leiteten diese an den Grundherrn bzw. die Grundherrin weiter. Diese Gliederung nennt man auch Fronhofs- oder Villikations-System. Das Fronhofs-System und damit auch die Herrenhöfe sind aber jünger als die Altsiedlungen, weshalb die Herrenhöfe zumeist von den älteren Höfen entfernt auf Böden zweiter Wahl angesiedelt wurden.[5]

ALDRUP

Einen wichtigen Hinweis auf das hier angesprochene Phänomen der „wandernden" Ortsnamen bieten übrigens heute noch die zahlreichen Ortsnamen Aldrup, die aus älterem *Aldenthorpe* bzw. *Oldendorpe* entstanden sind und eben das „alte Dorf", die „alte Siedlung" bezeichnen. Allerdings muss man bei den heutigen Namenformen Aldrup darauf achten, ob man auch wirklich ein „altes Dorf" vor sich hat. Denn der heutige Ortsname Aldrup bei Greven geht z.B. auf einen anderen Ursprung zurück. Er erscheint um 890 als „Alathorp". Gleiches gilt für Aldorf im Kreis Diepholz (um 1000 „Aladorphe", um 1370 „Altorpe", 1521 „Alderup") und Aldrup bei Wildeshausen (a. 1107/13 „Alathorp", 13. Jahrhundert „Aldorpe", „Altorpe", „Alededorpe"). Diese drei gehen also eindeutig nicht auf altniederdeutsch ald, mittelniederdeutsch *old* ‚alt' zurück und sind damit auch kein Hinweis auf „wandernde" Ortsnamen.[6]

[1] WOB 3, S. 292 f.

[2] Regesta historiae Westfaliae, bearb. v. Heinrich August Erhard, 2 Bde., Bd. 2: Codex diplomaticus, Münster 1851, Nr. 238, S. 32.

[3] Christof Spannhoff, Der Ortsname Lienen. Eine sprachliche und geschichtliche Studie, Norderstedt 2014, S. 26–40; Ders., Orientierungswechsel durch Funktionswandel. Überlegungen zur Entstehung von orientierten Ortsnamen am Beispiel Westladbergen, in: Nordmünsterland. Forschungen und Funde 5 (2018), S. 296–301.

[4] Günther Wrede, Die Kirchensiedlung im Osnabrücker Lande, in: Osnabrücker Mitteilungen 64 (1950), S. 63–87; Manfred Balzer, Kirchen und Siedlungsgang im westfälischen Mittelalter, in: Leben bei den Toten. Kirchhöfe in der ländlichen Gesellschaft der Vormoderne, hrsg. v. Jan Brademann u. Werner Freitag, Münster 2007, S. 83–115.

[5] Werner Rösener, Zur Struktur und Entwicklung der Grundherrschaft in Sachsen in karolingischer und ottonischer Zeit, in: Le grand domaine aux époques mérovingienne et carolingienne, hrsg. v. Adriaan E. Verhulst, Gent 1985, S. 173–207; Leopold Schütte, Wörter und Sachen aus Westfalen 800 bis 1800, 2. überarb. u. erweiterte Aufl., Duisburg 2014, S. 770.

[6] Spannhoff, Ortsname Lienen (wie Anm. 3), S. 26–40.

Spuren der Niederwaldwirtschaft an einer Buche
Foto: Christof Spannhoff (2016)

IM WALD UND AUF DER HEIDE

GEHÖLZBEZEICHNUNGEN IN ORTSNAMEN

Etwa zwei Kilometer nördlich von Handorf liegt das heutige Haus Havichhorst (Havichhorster Mühle 100). Der ehemalige Schultenhof kann bereits auf eine sehr lange Geschichte zurückblicken: Schon 1022/23 – also vor fast 1.000 Jahren – wird er als „Hauochurst" bzw. „Hauokhurst" (das jeweils erste *u* steht hier für ein *v*) in einer Urkunde Bischof Siegfrieds von Münster (1022–1032) genannt. Es handelte sich ursprünglich um einen Schultenhof des münsterischen Bischofs, der 1256 auch als „curtis Havechorst" erscheint.[1] Später wurde das Gut öfter verliehen und verpfändet, unter anderem auch an das münsterische Domkapitel, von dem der Hof mit der Säkularisierung 1803 an das Königreich Preußen gelangte. Der letzte Schulte Havichhorst starb 1773. Seine Witwe verzichtete danach auf die weitere Pachtung des Hofes. Seit 1795 war die Familie Hovestadt zunächst Pächter des Gutes, das Franz Joseph Hovestadt 1831 samt Havichhorster Mühle vom preußischen Staat erwarb. Regional bekannt wurde Havichhorst Mitte des 19. Jahrhunderts aufgrund der dort eingerichteten Brennerei, die den Hovestadt-Korn bis 1975 brannte. Heute ist auf dem Anwesen der „Gut Havichhorst GmbH" das Seminar- und Tagungszentrum der Stiftung Westfälische Landschaft untergebracht.[2]

URSPRÜNGLICHER FLURNAME

Der Name des einstigen Schultenhofes und heutigen Gutes Havichhorst geht allerdings nicht auf dessen besondere historische Funktion zurück, sondern ist vielmehr ein ursprünglicher Flurname, der auf den angrenzenden Hof übertragen wurde. Mit Havichhorst wurde anfangs lediglich ein Gehölz benannt. Das zeigt das Grundwort des Namens -horst. Denn altniederdeutsch *hurst (enthalten in frühen Ortsnamenformen wie „Arnhurst", „Seondonhurst", „Stenhurst", „Elmhurst", „Selihurst"), mittelniederdeutsch horst meint ‚Wald, Gebüsch, Gehölz, Hudewald'.[3]

NIEDERWALD

Es ist zumeist eine Bezeichnung für ein in „Niederwaldwirtschaft" genutztes Gehölz. Als solche bezeichnet man eine vor allem in der Vergangenheit genutzte forstliche Betriebsart, bei der die Laubholzbestände alle paar Jahre dicht am Boden kahlgeschlagen werden; der neue Bestand entsteht dann durch Stockausschlag aus den verbleibenden Wurzelstöcken. Das so gewonnene Holz diente früher als Brennholz, zur Herstellung von Geräten und Werkzeugen sowie zur Fertigung von Körben, Zäunen, Wänden (vgl. die Etymologie des Wortes *Wand*, das zum Tätigkeitswort *winden* gehört, in diesem Fall dem Winden von Weidenruten als Vorgang der Herstellung eines Geflechts, das dann noch mit Lehm bestrichen wurde und so eine „Wand" ergab). Aber der Niederwald wurde auch gebraucht zur Gewinnung von Gerbstoffen für die Lederbearbeitung aus der gerbsäurehaltigen Rinde durch das „Schälen" der Laubbäume. Niederwaldfähige Bäume, also solche, die zum Stockausschlag genutzt werden können, sind die Esche, Eiche, Buche, Birke, Hasel, Eibe, Erle, Linde, Nuss, Ulme, Weide und die Espe.[4] Dass das Wort *horst* in diesen wirtschaftlichen Bereich gehört, zeigt auch seine Etymologie: Es stellt eine schwundstufige st-Bildung zur indogermanischen Wurzel **qer-* dar und ist somit urverwandt mit dem griechischen Wort *karpós* ‚Frucht, die man von Baum und Feldgewächsen gewinnt' und dem lateinischen Begriff *carpinus* ‚Hainbuche', abgeleitet vom lateinischen Verb *carpere* ‚rupfen, pflücken, Laub gewinnen'. Zudem hat *hurst, horst* dann etwas mit dem Wort *Herbst* – der Zeit der Lauberernte – zu tun, das ebenfalls auf diesen Ursprung zurückzuführen ist.[5]

RUFNAME HORST

Auch der *Adlerhorst*, also das aus Zweigen gefertigte Greifvogelnest, und der von diesem metaphorisch übertragene Begriff *Fliegerhorst* für einen Militärflugplatz gehören hierher; nicht aber der männliche Rufname *Horst*, wie manchmal zu lesen ist. Letzter geht vielmehr auf das legendäre Brüderpaar *Hengist* und *Horsa* zurück, das in der von dem englischen Mönch Beda Venerabilis († 735) in seiner „Kirchengeschichte des englischen Volkes" überlieferten Sage von der angelsächsischen Landnahme in Britannien genannt wird und dessen Rufnamen natürlich zu den alten

Pferdebezeichnungen altniederdeutsch/altenglisch (*)hen-gist ‚Hengst‘ und altniederdeutsch/altenglisch (*)horsa ‚Pferd‘ (vgl. englisch *horse*, deutsch *Ross*) gehören. Bereits Dietrich Engelhus († 1435) nennt diesen Horsa in seiner „Weltchronik" als Horst. Und der Dichter Friedrich Gottlieb Klopstock (1724–1803) verwendet in der „Gelehrtenrepublik" 1774 dann ebenfalls das Namenpaar „Hengst und Horst" für die mythischen Brüder. Von hier aus fand Horst Eingang in andere literarische Werke und aus der Dichtung schließlich in den deutschen Vornamenschatz. Der deutsche Rufname *Horst* gehört somit zur alten Pferdebezeichnung und nicht zum Niederwald-Gehölz.[6]

RUFNAME ODER TIERBEZEICHNUNG?

Die Havichhorst war also anfänglich ein Niederwald. Doch was verbirgt sich im ersten Teil des Namens? Das Namenglied *Havich*- enthält die Tierbezeichnung altniederdeutsch *havuk*, mittelniederdeutsch *hâvek* ‚Habicht‘. Dass hier kaum der gleichlautende und auf die Vogelbezeichnung zurückgehende Personenname vorliegt, wie etwa in Havixbrock bei Beckum oder Havixbeck, ist daran zu erkennen, dass das Wort nicht gebeugt ist. Denn das heutige *x* in Havixbrock oder Havixbeck ist aus älterem *-kes* (> *-ks* > *-x*), also einer starken Genitivendung entstanden, die den Besitz anzeigt. Havichhorst ist also nicht der Niederwald eines Mannes namens **Havok*, sondern vielmehr der ‚Habicht-Wald‘. Seine Motivierung erfuhr der Ortsname durch diese Greifvögel, die in dem Gehölz anzutreffen waren.[7] Regionale Dubletten des Namens sind übrigens in den Ortsnamen Habighorst bei Bünde und Habichthorst bei Stadthagen

(Kreis Schaumburg) sowie den Flurnamen Habichhorst bei Bielefeld/Theesen und Habichorst bei Borgholzhausen/Cleve zu finden. Zudem gab es den Ortsnamen Havichhorst einst auch bei Beckum/Diestedde.[8]

RUMPHORST

Ebenfalls mit dem Grundwort -*horst* ist der Name des münsterischen Stadtviertels Rumphorst gebildet worden. Der ursprüngliche Flurname ist gleichfalls auf ein Gut, „Haus Rumphorst" (Rumphorstweg 75), übergegangen, von dem das heutige Wohngebiet seinen Namen trägt. Das Erstglied *Rump*- gehört dabei entweder zu niederdeutsch *rump* in der Grundbedeutung ‚Stumpf, Baumstumpf'. Hier hätte sich dann die Niederwaldnutzung zur Zeit der Benennung des Gehölzes auch im ersten Teil des Namens abgezeichnet. Oder aber das Bestimmungswort enthält *rump* ‚hölzernes, bauchiges Gefäß'. Die Rumphorst wäre dann das Gehölz gewesen, aus dem man den Werkstoff zur Herstellung solcher Gefäße – etwa Körbe aus Rinde oder Bast – gewinnen konnte.[9] Zu vergleichen sind Namen wie Barlo (1254 „Barlo"), ein Stadtteil von Bocholt (zu mittelniederdeutsch *bar* ‚Planke, Sparren, Riegel, Schranke' und *lo[h]* ‚Busch, Gehölz, Hudewald, Niederwald'), Stiepel an der Ruhr/Bochum (um 890 „Stipula", 1001 „Stipelo") und Stiepel/Arnsberg (1204 „Stipele"), die zu altniederdeutsch **stip* oder **stîp* ‚Stock, Latte, Planke' (vgl. westfälisch *stiepel* ‚Stütze, Zaunstange') gehören, sowie Stockel östlich Brüssels (1147 „Stocla") zu altniederdeutsch *stok* ‚Stock'.[10] Ein noch recht durchsichtiges Beispiel ist der 1856 verzeichnete Flurname *Thunbarken-Busch* bei Rotenburg/Wümme[11], der sich aus den mittelniederdeutschen Bestandteilen *tûn* ‚Zaun‘, *bake* ‚Stange‘ oder *barke* ‚Birke‘ und *busk, busch* ‚Busch, Gehölz‘ zusammensetzt.[12] Es handelte sich also um ein kleines Wäldchen, das Holz zur Zaunherstellung lieferte. Alle diese ursprünglichen Flurnamen weisen demnach auf den Nutzwald, der nach dem Erzeugnis benannt worden ist, das er den Menschen lieferte, also Stangen, Planken, Latten, Stöcke, Schindeln oder Dauben.

LODDENHEIDE

Auch der Name des Gewerbe- und Industriegebiets im Südosten von Münster, Loddenheide, hängt vermutlich ursprünglich mit der Niederwaldwirtschaft zusammen. *Heide* ist im Niederdeutschen mehrdeutig. Das Wort kann sowohl ‚Ödland‘, ‚Pflanzen niedrigen Wuchses (Heidekraut)‘, aber auch ‚Wald‘ und in Einzelfällen sogar eine ‚Gerichtsstätte‘ bezeichnen. Der münsterische Sprachwissenschaftler Jost Trier (1894–1970) erschloss daraus eine Grundbedeutung ‚Allmende, Gemeinheit, gemeine Mark‘.[13] Das Bestimmungswort Lodden- ist dabei auf (mittel-)niederdeutsch *lode, lodde* ‚Schössling, Sproß, Zweig, Reis, Trieb‘ zurückzuführen, was auf die Niederwaldwirtschaft hindeutet.[14]

ANMERKUNGEN

[1] WOB 3, S. 187 f.
[2] http://www.handorfaktuell.de/havichhorst.htm (29.05.2020);
https://www.gut-havichhorst.de/aktuelles/presse/die-pacht-
ging-einst-an-den-bischof/ (29.05.2020).
[3] Mit den Nachweisen: Paul Derks, Die Siedlungsnamen der
Stadt Gladbeck in Westfalen. Sprachliche und geschichtliche
Untersuchungen, Gladbeck/Westf. 2009, S. 130–148.
[4] Jost Trier, Holz. Etymologien aus dem Niederwald, Münster
u. Köln 1952, S. 118.
[5] Paul Derks, Die Siedlungsnamen der Stadt Essen. Sprachliche und geschichtliche Untersuchungen, Essen 1985, S. 110;
Trier, Holz (wie Anm. 4), S. 62–81.
[6] Hartmut Beckers, Horst und Horsa. Ein namenkundliches
Problem bei Klopstock und in der älteren deutschen historio-
graphischen Literatur, in: Beiträge zur Namenforschung Neue
Folge 8 (1973), 13–25; Günter Neumann, Horst – ein Pferde-
name, in: Beiträge zur Namenforschung Neue Folge 8 (1973),
S. 343–344.
[7] WOB 3, S. 189 f.; Claudia Maria Korsmeier, Die Ortsnamen
des Kreises Coesfeld, Bielefeld 2016 (Westfälisches Ortsnamenbuch 10), S. 171–173.
[8] Birgit Meineke, Die Ortsnamen des Kreises Herford, Bielefeld
2011 (Westfälisches Ortsnamenbuch 4), S. 116 f.
[9] Christof Spannhoff, Alles für die Katz'? Eine historische Anthologie zum Jubiläum „700 Jahre Kattenvenne", Norderstedt
2013, S. 42–44.
[10] Paul Derks, Die Siedlungsnamen der Gemeinde Weeze am
Niederrhein. Sprachliche und geschichtliche Untersuchungen.
Mit einem Ausblick nach Geldern und Goch, Weeze 2006,
S. 66

[11] Ulrich Scheuermann, Die Flurnamen des westlichen und südlichen Kreises Rotenburg (Wümme), Rotenburg/Wümme 1971, S. 249.

[12] Karl Schiller u. August Lübben, Mittelniederdeutsches Wörterbuch, 6 Bde., Bremen 1875–1881, Bd. I, S. 143 (*bake*), Bd. I, S. 340 (*birkemeier, barkemeier* ‚Trinkgefäß aus Birkenholz'), Bd. I, S. 458 (*busk, busch*), Bd. IV, S. 630 (*tûn*).

[13] Jost Trier, Heide, in: Archiv für Literatur und Volksdichtung 1 (1949), S. 63–103.

[14] Trier, Holz (wie Anm. 4), S. 106–114.

ZEUGNIS BÄUERLICHER WALDWIRTSCHAFT

Man sieht es ihm heute nicht mehr an, aber der Ortsname Sprakel im Norden von Münster ist eine Hinterlassenschaft mittelalterlicher Waldwirtschaft. Denn wie die ältesten Belege zeigen, handelt es sich um einen alten Flurnamen. Dieser wurde dann zu einem Ortsnamen, diente also zur Benennung der dort entstehenden menschlichen Siedlung.

1022/23 erscheint der Name noch als „Sprakonlo", im 12. Jahrhundert dann als „Spraclo", später auch in den Formen „Sprakelo", „Spraklo". Die lautliche Entwicklung des Namens von Spraklo zu Sprakel ist dadurch zu erklären, dass sich zunächst einmal das *o* der Nebensilbe zu *e* abschwächte (*Sprakle*; sogenannte Nebensilbenabschwächung). Da das relativ schwer auszusprechen ist, trat später Metathese, also die Umstellung von *-le* zu *-el*, ein, die sich einfacher artikulieren lässt. Aus Sprakle wurde Sprakel.[1]

HEILIGER HAIN ODER NIEDERWALD?

Doch wie ist dieser Name zu erklären? Die Form *Spraclo/Spraklo* ist zu gliedern in ein Erstglied *Sprac-/Sprak-* und ein Zweitglied *-lo*. Letzteres ist dem Namenforscher gut bekannt, weil es sehr häufig in Orts- und Flurnamen Nordwestdeutschlands vorkommt. Enthalten ist hier das mittelniederdeutsche Wort *lo*(*h*), das ,Wald, Busch, Niederwald, Hudewald' bedeutet.[2] Da dieses niederdeutsche Wort sprachgeschichtlich ursprünglich auch mit lateinisch *lucus* ,Hain, Wald' verwandt ist und dieser lateinische Begriff in antiken Schriften oft für „Heilige Haine", also religiöse Kultstätten, verwendet wurde[3], vermutete man im 19. und frühen 20. Jahrhundert, dass die deutschen Ortsnamen auf *-lo*(*h*) ebenfalls auf germanische Kultstätten hindeuten müssten. In der Heimatliteratur und in nicht-wissenschaftlichen Werken ist diese Ansicht zum Teil auch noch bis heute anzutreffen.[4] Dabei sprechen die Belege für die frühere Bedeutung des Wortes *-lo*(*h*) allerdings eine ganz andere Sprache: *lo*(*h*) ist ein Gebüsch, ein Gehölz, das zur Waldweide des Viehs oder zur Niederwaldwirtschaft genutzt wurde. Bei der Niederwaldwirtschaft handelt es sich um eine forstliche Betriebsart, bei der die Laubholzbestände alle paar Jahre dicht am Boden kahl geschlagen werden; der neue Bestand entsteht dann durch Stockausschlag. Das so gewonnene Holz diente in der Vormoderne als Brennholz und zur Fertigung von Körben, Zäunen, Wänden (vgl. den Ursprung des Wortes Wand, das zum Tätigkeitswort winden zu stellen ist) und Geräten, aber auch der Beschaffung von Gerbstoffen zur Lederbearbeitung aus der gerbsäurehaltigen Rinde durch das Schälen der Laubbäume.

Niederwaldfähige Bäume, also solche, die zum Stockaus-
schlag fähig und zur Viehweide nutzbar sind, sind die Eiche,
Esche, Buche, Birke, Hasel, Eibe, Erle, Linde, Nuss, Ulme,
Weide und die Espe.[5]

LESEHOLZ, KLEINHOLZ, REISIG

Dass das hier betrachtete -*lo*(*h*) im Ortsnamen Sprakel
ebenfalls ein solcher Nutzwald und kein vorchristlicher
Kultort gewesen ist, zeigt auch der erste Teil des Namens:
Sprak-. Denn dieser ist eindeutig zum mittelniederdeutschen Wort *sprok*, *sprocke* ‚Leseholz, Kleinholz, Reisig, dür-
res Holz‘ zu stellen. Etymologisch verwandt sind etwa altenglisch *spraec* ‚Sproß, Zweig‘, norwegisch *sprek* ‚dürres
Reisig‘, altnordisch *sprek* ‚morsches Holz‘ oder althochdeutsch *sprahhula* ‚Splitter, Spreu‘.[6] Der ursprüngliche
Flurname *Spraclo/Spraklo* meinte also einen Busch oder
Niederwald, in dem Reisig und Kleinholz gewonnen wurde.
Das Reisig diente etwa als Anzündholz für die Feuerstelle
oder als Material zur Herstellung von Besen. An diesem
Gehölz lag dann die Siedlung, auf die der Flurname über-
ging.

LOEVELINGLOH

Das Wort *lo*(*h*) erscheint übrigens auch – heute noch ganz
deutlich zu erkennen – im Namen der Bauerschaft
Loevelingloh in Münster-Hiltrup, in der auch der Gräftenhof
Haus Loevelingloh liegt. Dieser Ortsname, der 1283 als
„Ludelinclo“, um 1336 als „Ludelvinclo“ oder Ende des 14.
Jahrhunderts als „Ludolvinclo“ erscheint, enthält im ersten

Teil einen Personennamen, von dem mit dem Suffix *-ing* eine Personengruppenbezeichnung abgeleitet ist. Der Personenname ist dann *Ludelv-/Ludolv-*, also *Ludolf*.[7] Die Kombination eines Rufnamens mit *-ing(en)* bezeichnet immer eine Personengruppe. In diesem Fall sind das die *Ludolfinge*, also die ‚Leute, die zu einem Ludolf gehören'. Ludolfinge nannte man die Menschen, die einst in Loevelingloh siedelten. Ludolf war ihr rechtliches Oberhaupt, ihr Anführer oder Herr. Der Ortsname Loevelingloh muss also mit ‚Niederwald/Hudewald/Busch der Leute eines Ludolf' wiedergegeben werden.

ANMERKUNGEN

[1] WOB 3, S. 361 f.

[2] Karl Schiller u. August Lübben, Mittelniederdeutsches Wörterbuch, 6 Bde., Bremen 1875–1881, Bd. 2, S. 709 f.

[3] Jost Trier, Holz. Etymologien aus dem Niederwald, Münster u. Köln 1952, S. 114–125.

[4] Die Gleichung *lo(h)* = ‚heiliger Hain' ist etwa zu finden bei Wilhelm Teudt, Germanische Heiligtümer. Beiträge zur Aufdeckung der Vorgeschichte, ausgehend von den Externsteinen, den Lippequellen und der Teutoburg, 4., neu bearb. u. erw. Aufl., Jena 1936. Zum völkischen „Germanenforscher" Wilhelm Teudt (1860–1942) siehe Frank Huismann, Heiligtümer der Germanen? Wilhelm Teudt und die „Vereinigung der Freunde germanischer Vorgeschichte", in: 2000 Jahre Varusschlacht. Imperium, Konflikt, Mythos. Katalog zur Ausstellung, hrsg. v. Landesverband Lippe, 3 Bde., Stuttgart 2009, Bd. 3: Mythos, S. 253–262; Jürgen Hartmann, Vom „völkischen Vorkämpfer" zum Nationalsozialisten „bis auf die Knochen". Der politische Werdegang des „Germanenkundlers" Wilhelm Teudt, in: Rosenland. Zeitschrift für lippische Geschichte 11 (2010), S. 23–36; Julia Schöning, Die Germanenkunde Wilhelm Teudts. Methodik und Zielsetzung einer ideologisch motivierten Laienwissenschaft, in: Lippische Mitteilungen aus Geschichte und Landeshunde 81 (2012), S. 243–258; Roland Linde, Externsteine, Verden und Enger: Der völkische Sachsenkult in der Zeit des Nationalsozialismus, in: Credo – Christianisierung Europas im Mittelalter, 2 Bde., hrsg. v. Christoph Stiegemann u.a., Petersberg 2013, Bd. 1: Essays, S. 475–482; Julia Schafmeister, „Aufgedeckte Geschichtsirrtümer" und „fließende Kraftquellen". Wilhelm Teudts völkische Deutung der Externsteine, in: Die Externsteine. Zwischen wissenschaftlicher Forschung und völkischer Deutung. Beiträge der Tagung

am 6. und 7. März 2015 in Detmold, hrsg. v. Larissa Eiker-
mann u.a., Münster 2018, S. 315–333.
[5] Trier, Holz (wie Anm. 3).
[6] WOB 3, S. 362.
[7] Ebd., S. 258 f.

Der Wald mit dem in ihm gewonnenen Holz war in der
Vormoderne der wichtigste Rohstoff- und Energieliefe-
rant. Zahlreiche Ortsnamen gehen daher auf ältere
Waldbezeichnungen zurück.

Kupferstich aus den „Georgica Curiosa Aucta" von Wolf
Helmhardt von Hohberg, Bd. 2, Nürnberg 1695, S. 659.

AMELSBÜREN –
ORT AN DER EMMER?

Hat der Ortsname Amelsbüren etwas mit dem Namen des Emmer-Baches zu tun? Diese Idee hatte der katholische Geistliche und Historiker Jodocus Hermann Nünning (1675–1753), der in Münster, an der Hohen Schule in Steinfurt und an der Universität Helmstedt studierte, bevor er eine mehr als fünfjährige Bildungsreise durch Sachsen, Böhmen, Österreich, Belgien und Italien antrat. Anschließend widmete er sich in Westfalen seinen gelehrten Studien. Nünning kam auf diesen Einfall, den er 1747 im ersten Teil seiner „Monumentorum Monasteriensium" veröffentlichte, weil er den Ortsnamen Amelsbüren mit dem Emsbürens verglich.[1] Nünning erkannte also, dass beide Namen mit demselben Grundwort, nämlich -*büren* gebildet worden sind. Da Emsbüren offenkundig den Flussnamen Ems im Erstglied enthält, schloss Nünning, dass auch der erste Teil von Amelsbüren ein Gewässername sein müsse. Und er fand auch einen vermeintlich passenden Bach, nämlich den Emmer-Bach, für den er eine alte Namenform *Amelen* unterstellte. Der Emmer-Bach als linker Nebenfluss der Werse entspringt in Ascheberg-Herbern und fließt von dort durch die südlichen Stadtteile Münsters, also auch durch Amelsbüren, bevor er zwischen Hiltrup und Wolbeck in die Werse mündet.[2]

ÄLTESTE BELEGE

So verführerisch schlüssig Nünnings Argumentation auch erscheinen mag, so hat er doch einen Kardinalfehler der Namenforschung begangen. Denn er hat die historischen Belege des von ihm betrachteten Ortsnamens missachtet. Diese nämlich offenbaren das Geheimnis des Namens Amelsbüren. Erstmals tritt der Name 1137 in einer Urkunde auf: *in parrochia quę Amuluncburen nominatur* – „im Kirchspiel, das *Amuluncburen* genannt wird." 1231 heißt die Pfarrei *Amelincburen* und 1249 *Amelincburen*.[3] Diese historischen Formen zeigen, dass der Name aus den Bestandteilen *Amelunc-* / *Amelinc-* und *-buren* besteht. Das Zweitglied *-büren* ist auch in anderen Ortsnamen anzutreffen, z.B. in Emsbüren, Ibbenbüren, Püsselbüren oder Hambüren (Westerkappeln). Häufiger kommt es aber als Einzelwort vor: Bühren bei Breckerfeld, Gelsenkirchen-Buer, Bühren bei Gescher und Büren bei Stadtlohn, Büren bei Drensteinfurt und schließlich Büren bei Paderborn. Das Grundwort des Namens Amelsbüren ist also *-büren*, das auf älteres *bûrion* zurückgeführt werden kann und den Wem-Fall (Dativ) in der Mehrzahl (Plural) zu altniederdeutsch *bûri* ‚Haus, Hütte‘ darstellt. Das Wort *bûri* ist eine niederdeutsche Ableitung von altniederdeutsch *bûr* ‚Gemach, Wohnsitz‘, althochdeutsch *bûr* ‚Haus, Wohnung‘, altenglisch *bûr* ‚Hütte,

Kammer' und altnordisch *búr* ,Kammer, Stube, Vorrats-
haus'.[4] Wir kennen das Wort heute noch in *Vogelbauer* ,Vo-
gelkäfig' bzw. eigentlich ,Vogelhaus'. Auch das Wort *Bauer*,
niederdeutsch *Bûr* für den ,Landwirt' gehört dazu. Diese
Berufsbezeichnung hat nämlich zunächst nichts mit ,einen
Acker bebauen' zu tun, sondern mit *bûan / bûwan* ,wohnen,
angesessen sein'. Ein Bauer ist also wortgeschichtlich gese-
hen der ,Erbauer bzw. Bewohner eines Hauses, Hausbesit-
zer'. Gleiches gilt für den Nachbarn, ursprünglich *nahbûr*
oder *nahgibûr*, also jemand, der ,nah wohnt', der in der Nähe ein Haus besitzt. Man kann den Namenbestandteil
-büren also mit ,bei den Häusern/Hütten' bzw. allgemein
,Siedlung' übersetzen.[5]

RUFNAME

Der erste Bestandteil *Amelunc- / Amelinc-* ist wiederum in
Amel- und *-ing* zu zerlegen. Ortsnamen, die mit *-ing*(en)
zusammengesetzt sind, enthalten in den meisten Fällen
einen Rufnamen. So steckt in Sigmaringen (Baden-
Württemberg) eindeutig der Vorname Sigmar. In *Amelincburen* ist daher auch der alte Rufname *Amal*(i), *Amala*
oder *Amalo* anzusetzen. Die Kombination eines Rufnamens
mit *-ing*(en) bezeichnet immer eine Personengruppe. In
diesem Fall sind das die *Amalinge*, also die ,Leute, die zu
einem Amal(i), Amala oder Amalo gehören'. *Amalinge* nannte man die Menschen, die einst in Amelsbüren siedelten.
Amal(i), *Amala* oder *Amalo* war ihr rechtliches Oberhaupt,
ihr Anführer oder Herr. Der Ortsname Amelsbüren muss
also mit ,bei den Häusern/Hütten der Amalinge' oder ,Sied-

lung der Leute eines Amal(i), Amala oder Amalo' wiedergegeben werden.[6]

S IST NICHT ALT

Erst Anfang des 17. Jahrhunderts verkürzt sich der Name aus *Amelenbueren* (1609) zu *Amelbueren* (1609). Das charakteristische *s* in Amelsbüren ist ebenfalls noch nicht alt, sondern tritt anscheinend erst im 19. Jahrhundert auf. So wird der Ort erst Mitte des 19. Jahrhunderts als *Amelsbüren* in das Preußische Urmesstischblatt (1841) eingetragen. Ein Rufname *Amalung / Amelung*, wie er in Amelunxen im Kreis Höxter vorliegt, das aus älterem *Amalungeshusun* ('bei den Häusern des Amalung', zu -*husun*, -*husen* 'bei den Häusern') entstanden ist, kann hier allerdings nicht vorliegen, weil der Ort dann ursprünglich *Amalungesburen* geheißen haben müsste. Diese Form ist aber nicht belegt. Amelsbüren ist also ursprünglich die 'Siedlung der Leute eines Amal(i), Amala oder Amalo' gewesen.[7]

ANMERKUNGEN

[1] Jodocus Hermann Nünning, Monumentorum Monasteriensium Decuria Prima. Loca Dioeceseos ab A Et B. inchoantia, Ordine Alphabetico proposita Inscriptionibus Et Exegesi Topographico-Historica Illustrans, Vesaliae 1747, S. 85.
[2] Detlef Fischer, Münster von A bis Z. Wissenswertes in 1500 Stichworten über Geschichte, Kunst und Kultur, Münster 2000, S. 91.
[3] Mit den Nachweisen WOB 3, S. 35.
[4] Gunter Müller, Das Vermessungsprotokoll für das Kirchspiel Ibbenbüren von 1604/05. Text und namenkundliche Untersuchungen, Köln u.a. 1993, S. 418; Friedhelm Debus, Artikel -beuren / -beuern / -büren, in: Deutsches Ortsnamenbuch, hrsg. v. Manfred Niemeyer, Berlin/Boston 2012, S. 63.
[5] Leopold Schütte, Wörter und Sachen aus Westfalen 800 bis 1800, 2. überarb. u. erweiterte Aufl., Duisburg 2014, S. 169 f.
[6] WOB 3, S. 35 f.
[7] Ebd.

partim in *Westphalia* confediffe fcribit. *Amfyburum Vicus* (inquit Turckius MSC.) *non infœcundum ad confinia Benthemicorum comitum proximum Amafiæ occupat fitum, indeque ruftici dicuntur Amafis accolæ,* Embſt-Büren/ *retinentque antiquam gentis* EBURONUM, *qui ex Westfalia prodiere, appellationem.*

(f) *Prohibet & alia longe congruentior Etymi ratio.*

Fragmentum *Romanticum* Saxonica dialecto Seculo VIII. confcriptum, editum ad calcem Commentariorum Wurceburgenfium Notifque a *Jo. Georg. Eccardo* illuftratum *p.* 865. HER. FURLAET in LANTE LUTTILA SITTEN, PRUT IN BURE &c. &c. quod latine redditur: *Relinquebat in Patria parvulos, conjugem in Thalamo &c.* Auctor ad vocem *Bure* in notis *p.* 880. Danis *buure* conclave. Belgis *buer*, cafa, tugoriolum. Immo ex Rudbeckii *Atlant. Tom. I. p.* 195. hanc vocem Danorum lingua regum vel Deorum aulam denotare probat. Repetamus ipfa Rudbeckii verba: BUR, inquit, *lingua noftra Regum vel Deorum aulam denotat;* unde GUDZBUR, *cœlum, quafi aula Dei:* AUD FATEBUR *Mundus, Jerem. L.* 25. KUNGENS FATEBUR *Fifcus aut penu regium.* Jerem. XXXVIII. II. SIGNILDZBUR *Signildæ Arx apud Meffenium &c.* Etiam Saxones *buer*, & germani *bauer* vocant Caveam Ex omnibus concludit *Eccardus* vocem hanc proprie locum undique claufum, qualis fit *thalamus, Cavea, Aula,* denotare. Enimvero perapte. Neque minus & nos inde fuftinemus *Burena* ad Amafyn ab aula Ludgeriana, potius diverforii Curia, quam ab Eburonum gente adhæfiffe cognomentum. Atque hæc tanto conjectare fecurius, quanto notius eft cognomini hujus Diœcefeos Vico, qui ab *Amelen* (Rivulo) *Amela-Buri* (appellationem habet) arcem proxime adftructam fupereffe. Ad cujus diftinctionem *Amfy-Burum* nomen ab *Amafy* fluvio proxime præterlabente adfumpfit.

(g) *Si Amfiburana regio unquam Comitatus titulo refplenduit, certe devaftato Caftro &c.*

L 3

Sive

HILTRUP –
DIE HÜGELSIEDLUNG

Hiltrup ist mit über 25.000 Einwohnern heute der größte Stadtteil Münsters, der 1975 im Rahmen der kommunalen Neugliederung eingemeindet wurde.[1] Doch woher kommt eigentlich der Ortsname? Erstmals erwähnt wird er in einer zwischen 1218 und 1226 ausgestellten Urkunde. Damals werden die ritterlichen Brüder *Bernhardus et Willibrandus de Hiltorpe* genannt. 1233 ist von einer Kirche (*ecclesia*) *in Hiltorpe* und 1242 vom Kirchspiel bzw. von der Pfarrei (*parrochia*) *Hilthorpe* die Rede. Der zweite Teil des Namens ist recht einfach zu erklären. Es handelt sich um altniederdeutsch *thorp*, mittelniederdeutsch *dorp*, das mit ‚Dorf, Siedlung' übersetzt werden kann. Allerdings ist zu beachten, dass im mittelalterlichen Westfalen mit Dorf nicht nur ein Kirchdorf bezeichnet wurde, sondern jede ländliche Siedlung gemeint sein konnte: vom Einzelhof über eine Bauerschaft bis hin zum geschlossenen Ort, wie wir das Wort heute verstehen. Im Falle Hiltrups hat sich aus altniederdeutsch *thorp* die in der Region häufig anzutreffende

Variante *trup* mit Vertauschung bzw. Sprung des Konsonanten *r* (Metathese) entwickelt.[2]

RUFNAME?

Doch was steckt im ersten Teil des Namens? Der münsterische Domkapitular Adolf Tibus (1817–1894), der sich mit den Ortsnamen des Münsterlandes beschäftigt hat, meinte, im ersten Teil einen alten Rufnamen erkennen zu können. Er übersetzte Hiltrup als ‚Dorf des Hildi' und stellte diesen Rufnamen als Kurzform zum Vollnamen *Hildiger*.[3] Doch hätte der Ortsname in diesem Fall nicht Hiltrup, sondern *Hildistrup* o.ä. gelautet (* bezeichnet eine erschlossene Form), was aber den historischen Formen widerspricht. Vielmehr ist im Ortsnamen Hiltrup ein Begriff anzusetzen, den es noch im Englischen gibt: *hill* ‚Hügel'. Da dieses Wort bereits im Altenglischen in der Form *hyll* nachgewiesen werden kann, ist anzunehmen, dass es auch in dem sprachlich sehr nah verwandten Altniederdeutschen ebenfalls einen Begriff *hilli* mit der Bedeutung ‚Hügel, Abhang' gegeben hat. Vom Essener Germanisten und Namenforscher Paul Derks wird das Wort ferner in den Ortsnamen Kirchhellen bei Bottrop (1147 *Kirchhelle*, 1160 *Hillen*) und Hillen bei Recklinghausen (11. Jahrhundert *in Hilinon*, Mitte 12. Jahrhundert *in Hillen*) angesetzt.[4] Vermutlich gehört auch Hilbeck (heute ein Ortsteil von Werl) dazu. Dieser Begriff dürfte zudem in der Bezeichnung für den niedrigen, schräg mit dem seitlichen Dach abgedeckten Bodenraum in den Niederdeutschen Hallenhäusern enthalten sein, der über den Kuh- und Pferdeställen lag: die *Hille* oder *Hiäle* (< *hilde*). Dieser Bodenraum erhielt seinen Namen somit von der Schräge des Daches, die mit einem Abhang verglichen wurde. Dieser niedrige Dachraum diente früher als Lagerraum für Stroh, Holz, Torf und andere Dinge, wurde aber wegen der nach oben steigenden Wärme des darunter aufgestallten Viehs auch als Schlafplatz für die Knechte und Mägde genutzt.[5] Im münsterischen Mühlenhof Freilichtmuseum kann man sich solche *Hillen* oder *Hiälen* noch anschauen. Der Ortsname Hiltrup ist also als ‚Hügel-Siedlung' zu erklären. Als Benennungsgrund wird die Lage Hiltrups auf dem sogenannten Uppenberger Geestrücken angenommen, einem Teil des Münsterländer Kiessandzuges, der sich durch das heutige Stadtgebiet von Münster zieht. Auf dessen südlichen Ausläufer liegt Hiltrup.[6]

DATIERUNGSPROBLEME

Wie oben bereits erwähnt wurde, stammt der älteste schriftliche Nachweis des Ortsnamens Hiltrup aus der Zeit zwischen 1218 und 1226. Leider lässt sich die Abfassung des Dokuments, das nur in einer um 1400 gefertigten Abschrift überliefert ist, zeitlich nicht genauer datieren. In dieser Urkunde, in der auch Bernhard und Willibrand von *Hiltorpe* als Zeugen genannt werden, geht es darum, dass der Propst des Kollegiatstifts Alter Dom einen Johannes von Rodenberge wieder in das Gut und Amt in Bocholt (Welbergen) einsetzte. Diese Besitzrechte hatte Johannes wegen Nichteinhaltung eines zu Zeiten Bischof Ottos von Münster (1203–1218) geschlossenen Vertrags verloren. Johannes versprach nun, zukünftig seinen Verpflichtungen nachkommen zu wollen. Der münsterische Bischof Dietrich III. (1218–1226) bestätigte diesen Vorgang. Nur deswegen lässt sich die Urkunde überhaupt in die Amtszeit dieses

Bischofs zeitlich einordnen.[7] Ein genaues „Jubiläum" für die Ersterwähnung des Ortsnamens Hiltrup kann daher nicht angegeben werden. Gesichert könnte man es 2026 feiern, weil dann die erste Nennung des Ortsnamens auf jeden Fall 800 Jahre her ist. Allerdings ist der Ortsname Hiltrup ohnehin älter. Denn es handelt sich bei dem besagten Schriftstück nicht um eine „Gründungsurkunde", sondern Hiltrups Ersterwähnung ist Zufall der historischen Überlieferung. Der Name und der mit diesem benannte Ort bestanden bereits vor 1218.[8] Das zeigt schon die Alte Clemenskirche, die auf Grund und Boden des benachbarten Hofes Schulte-Hiltrup gegründet wurde und deren romanisches Langhaus aus der Mitte des 12. Jahrhunderts stammt. Der Schultenhof dürfte eine noch längere Geschichte aufweisen. Hier saßen vermutlich die Ritter von Hiltrup, bevor sie um 1200 Haus Hiltrup errichteten, den Schultenhof verließen und ihn mit einem Wirtschafter besetzten.[9]

ANMERKUNGEN

[1] https://www.muenster.de/hiltrup.html (12.04.2020).

[2] WOB 3, S. 199 f. Vgl. dazu auch das Kapitel „Münster – Stadt der vielen Dörfer" in diesem Band.

[3] Adolf Tibus, Beiträge zur Namenkunde westfälischer Orte, Münster 1890, S. 89.

[4] Paul Derks, Das Alter der Kirche S. Johannes in Kirchhellen. Ein überlieferungskritischer Versuch im Vergleich mit den frühen kirchlichen Verhältnissen in Gladbeck, in: Vestische Zeitschrift 86/87 (1987/1988), S. 29–53, hier S. 34.

[5] Karl Schiller u. August Lübben, Mittelniederdeutsches Wörterbuch, 6 Bde., Bremen 1875–1881, Bd. 2, S. 265.

[6] WOB 3, S. 200.

[7] Westfälisches Urkundenbuch, Bd. 3: Die Urkunden Westfalens vom Jahre 1201–1300, Nr. 135.

[8] Vgl. zu dieser Problematik: Nicolas Rügge, „854–2004": Ortsjubiläen im Emsland, J.B. Diepenbrock und die Corveyer Tradition, in: Osnabrücker Mitteilungen 109 (2004), S. 11–25; Christof Spannhoff, Zur Datierung des ältesten Werdener Urbars (A), in: Nordmünsterland. Forschungen und Funde 2 (2015), S. 192–199.

[9] Volker Jarren, Hiltruper Höfe und Familien im Mittelalter und in der Frühen Neuzeit. Besiedlung, Bevölkerung und Landwirtschaft im Münsterland, Bielefeld 1999, S. 210 f.

Die Clemenskirche in Hiltrup
Foto: Christof Spannhoff (2018)

GEWÄSSER
ODER SIECHENHAUS?

DER ORTSNAME KINDERHAUS

Die deutsche Sprache gilt für viele Menschen, die nicht Muttersprachler sind, als recht schwierig und schwer zu erlernen. Das hängt vor allem mit der komplexen Grammatik, also dem Regelsystem des Deutschen zusammen. Aufgrund dieser Komplexität gilt die deutsche Sprache aber auch als sehr genau. Diesen Eindruck kann man zumindest bekommen, wenn man sich mit Behörden- oder Juristendeutsch konfrontiert sieht. Denn sprachliche Ungenauigkeit kann in rechtlichen Fragen folgenschwer sein. Und doch leistet sich die deutsche Sprache auf der anderen Seite so skurrile Ungenauigkeiten wie beispielsweise das Wort *Kinderwurst*. Wenn wir nicht genau wüssten, dass es sich hier um die Bezeichnung eines Fleischproduktes handelt, das „für" Kinder bestimmt ist, könnte diese aus zwei Wörtern bestehende Zusammensetzung auch eine Wurst meinen, die „aus" Kindern hergestellt wird. Man kann dem Begriff *Kinderwurst* also ohne Hintergrundwissen nicht entnehmen, welcher Sachverhalt genau gemeint ist.

KINDERBACH

Vor ähnliche Probleme sieht sich oftmals auch der Namenforscher gestellt. Das zeigt auch der Name des heutigen
münsterischen Wohnbereichs Kinderhaus. Erstmals erwähnt wird er in einer Urkunde des Jahres 1333 als *domus
dicte tor Kinderhus*. Mit dem Namen *Kinderhus* wurde damals das dortige Leprosen- oder Siechenhaus benannt, ein
Ort also, an dem im Mittelalter ansteckende Kranke untergebracht waren. In den Gebäuden des alten Siechenhauses
befindet sich heute das Lepramuseum (Kinderhaus 15). Der
Name des Leprosenhauses ging dann später auch auf die
sich in der Nähe entwickelnde Siedlung über.[1] Auf den ersten Blick ist der Name also als ‚Haus für Kinder‘ oder ‚Haus
der Kinder‘ zu übersetzen. Aber ist das auch richtig? Oder
trügt uns unser heutiges Sprachgefühl? Denn diese recht
naheliegende Erklärung ist nicht die einzige, die vorge-
schlagen wurde: Weil in unmittelbarer Nähe zum Siechenhaus der Kinderbach fließt, ist vermutet worden, dass der
Name Kinderhaus als ‚Haus an der Kinder, am Kinderbach‘
zu deuten sei. Der Name Kinderbach sei dabei an keltisch
cann, *cant* ‚glänzend, weiß, rein‘ anzuschließen und soll sich
somit auf die Eigenschaft des Gewässers bezogen haben.[2]
Diese Deutung ist allerdings aus zwei Gründen abzulehnen.
Zum einen muss hinsichtlich des angeblichen keltischen
Ursprungs des Namens Kinderbach zur Vorsicht gemahnt
werden, denn in der ersten Hälfte des 20. Jahrhunderts
wurde vieles, was in Europa an Altertümern gefunden wurde, den Kelten zugesprochen. Diese Ansicht erfasste auch
die Philologie und Namenkunde. Das führte zu der irrigen
Ansicht, dass man sogar im Baltikum keltische Namen fin-

den könne. Während die Geschichts- und Sprachwissenschaften diese Meinung bereits lange ad acta gelegt haben, erfreut sich diese „Keltomanie" unter interessierten Laien teilweise immer noch großer Beliebtheit. Es muss aber festgehalten werden, dass das Münsterland niemals keltisches Siedlungsgebiet gewesen ist und daher hier auch keine keltischen Ortsnamen anzutreffen sind.[3] Zum anderen hieß der Kinderbach nicht immer Kinderbach, sondern zunächst *Vorschebeke*. Es handelte sich also ursprünglich um einen ‚Froschbach' (zu mittelniederdeutsch *vorsch, vrosch* ‚Frosch' und *beke* ‚Bach').[4] Die Vorschebeke wurde also erst zu Kinderbach umbenannt, nachdem das Siechenhaus mit Namen Kinderhaus in seiner Nähe errichtet wurde.[5] Neben dem angeblichen keltischen Ursprung des Namenteiles Kinder- ist auch vermutet worden, er könne von einer münsterischen Erbmännerfamilie namens Kinde herrühren, die bereits seit dem 13. Jahrhundert nachweisbar ist. Allerdings hätte der Name des Siechenhauses dann *Kinde-*, *Kinden-* oder *Kindeshaus* geheißen haben müssen.[6]

PRÄPOSITION

Des Rätsels Lösung birgt vielmehr die niederdeutsche Präposition *tor* ‚zur', entstanden aus *to der* ‚zu der', die immer wieder in der Wendung *tor Kinderhus* erscheint. Da das Wort niederdeutsch *hus*, hochdeutsch *Haus* sächliches grammatisches Geschlecht hat, kann es sich bei *tor Kinderhus* nur um eine ursprüngliche Wendung *to der Kinder Hus* ‚zu/bei der Kinder Haus' handeln. Kinderhaus meint also wirklich ‚Haus der Kinder'. Als *Kinder* bezeichnete man im Mittelalter nicht nur speziell den heranwachsenden, jungen

Menschen, sondern allgemein ,schutzbedürftige oder rechtlich unmündige Menschen' bzw. ,hilflose Personen'. Somit
war der Begriff *Kinder* auch ohne Probleme auf die Leprosen, also die kranken Insassen des Siechenhauses, übertragbar. *Kinderhaus* ist also lediglich eine andere Bezeichnung für ein Leprosen- oder Siechenhaus bzw. ein Haus für
schutzbedürftige Menschen. Der Begriff Kinderhaus ist aber
keine münsterische Spezialität. Auch in Dortmund gab es
ein Kinderhaus. In diesem wurden allerdings keine Leprosen, sondern Frauen versorgt und beherbergt. Das heutige
münsterische Wohnquartier Kinderhaus hat seinen Namen
also von dem mittelalterlichen Siechenhaus erhalten.[7] Über
dessen weitere Geschichte kann man sich übrigens anschaulich im Lepramuseum informieren, das unbedingt
einen Besuch wert ist.

[1] WOB 3, S. 230 f.

[2] Ebd., S. 231.

[3] Dazu ausführlich Paul Derks, Die Siedlungsnamen der Stadt Lüdenscheid. Sprachliche und geschichtliche Untersuchungen, Lüdenscheid 2004, S. 3–9.

[4] Siehe dazu mit den Belegen: Paul Derks, Die Siedlungsnamen der Stadt Sprockhövel. Sprachliche und geschichtliche Untersuchungen, Bochum 2010, S. 38.

[5] Mirko, Crabus, Kinderhaus 1333–1533. Das Leprosenhaus der Stadt Münster von seinen Anfängen bis zur Täuferherrschaft. Ausstellung im Lepramuseum Münster-Kinderhaus, 28. Januar bis 24. Juni 2007, Münster 2007, S. 22. Zur Geschichte siehe auch: Mirko Crabus, Kinderhaus im Mittelalter. Das Leprosorium der Stadt Münster, Münster 2013.

[6] Crabus, Kinderhaus 1333–1533 (wie Anm. 5), S. 10.

[7] WOB 3, S. 231.

Die Roxeler Kirche
Foto: Christof Spannhoff (2018)

VON AUSGESTORBENEN WÖRTERN

DER ORTSNAME ROXEL

Ortsnamen können sich im Laufe der Zeit stark verändern. Das ist meistens dann der Fall, wenn das ursprüngliche Motiv der Benennung mit der Zeit verschwunden und dadurch der anfängliche Hintergrund eines Ortsnamens in Vergessenheit geraten ist. Denn Ortsnamen haben zum Zeitpunkt ihrer Entstehung immer einen wirklichen Sinn, eine Bedeutung. War etwa – wie in vielen Fällen – ein kleines Waldstück, in dessen Nähe ein Ort entstand, der Ausgangspunkt der Benennung, so konnte dieser Zusammenhang von Name und örtlicher Gegebenheit durch Rodung des Gehölzes leicht verloren gehen. Diese Verflechtung erkannte bereits der Sprachwissenschaftler und Altertumsforscher Jacob Grimm (1785–1863) in seinem 1840 erschienenen Aufsatz „Über hessische Ortsnamen": „Alle eigennamen sind in ihrem ursprung sinnlich und bedeutsam: wenn etwas benannt wird, muss ein grund da sein, warum es so und nicht anders heisst. Allein diese bedeutung galt für die zeit des ersten nennens und braucht' nicht zu dauern; der name wird leicht und bald zur abgezognen bezeichnung, deren man sich fort bedient, ohne sich ihres anfänglichen gehalts zu erinnern."[1] Dieser Prozess des allmählichen Vergessens der ursprünglichen Auswahlkriterien eines Ortsnamens wird besonders dadurch verstärkt, wenn die Wörter selbst, die in einem Ortsnamen enthalten sind, ihre Bedeutung verändern bzw. die mit ihnen bezeichneten Dinge sich wandeln oder aber – sowohl die Wörter oder die Dinge – gänzlich verschwinden. Wenn der ursprüngliche Sinn eines Ortsnamens also nicht mehr verstanden wird, dann kann sich auch seine lautliche Gestalt bis zur Unkenntlichkeit verformen.

(H)LÂR-

Ein solcher Fall liegt auch im Namen des münsterischen Ortsteils Roxel vor. Das erkennen wir daran, dass wir ihn in seiner heutigen Prägung nicht mehr verstehen. Oder wissen Sie, liebe Leserinnen und Leser, was ein „Roxel" sein soll? Doch auch die historischen Formen des Ortsnamens geben dem Betrachter Rätsel auf, weil die im Namen enthaltenen Begriffe heute ebenfalls nicht mehr in unserer Gegenwartssprache existieren. Die Wörter sind quasi „ausgestorben". Der Name Roxel erscheint erstmals 1177 als Beiname eines *Arnoldus de* (von) *Rukeslare* bzw. eines *Bernhardus de* (von) *Rokeslere*. 1214 tritt dann eine *Gertrudis de Rokeslare* in Erscheinung, 1242 wird das Kirchspiel (parochia) *Rokeslere* genannt. Der Name ist für den Namenforscher am sinnvollsten in die Teile Rukes-, Rokes- und -lare, -lere zu zerlegen.[2] Doch was meinen diese Wörter? Der zweite Teil ist ein Wort, das uns in Westfalen auch heute noch in vielen

Orts- und Flurnamen namens Laer, Laar oder Lahr bzw. Leer begegnet. Selbst im heutigen Stadtgebiet Münsters gibt es den Namen Laer, der eine Bauerschaft des Kirchspiels St. Mauritz benannte und 1280 erstmals in der Form „in Lare" erscheint.[3] Lange Zeit stritten sich die Gelehrten über dieses Namenwort. Doch 1963 konnte der rheinische Sprachwissenschaftler Heinrich Dittmaier das Rätsel lösen. Der Namenbestandteil geht auf altniederdeutsch *hlâr* oder *hlâri* zurück, was soviel wie ‚Zaun, Pferch, aber auch Siedlung oder Wohnung' bedeutet (^ kennzeichnet einen langen Vokal).[4] Dass Bezeichnungen für den Zaun auch die Siedlung selbst meinen können, zeigt die Entwicklung des englischen *town* ‚Stadt', das aus germanisch *tûna ‚Zaun' entstanden ist (* kennzeichnet eine nicht belegte, sondern erschlossene Form). Das *h* vor dem *l* in *hlâr* oder *hlâri* ist im Fall Roxels bereits vor der ersten schriftlichen Erwähnung geschwunden. Aber in anderen historischen Ortsnamenbelegen ist es noch enthalten, etwa in dem Ende des 9. Jahrhunderts genannten „Beranhlara", dem heutigen Berl bei Sendenhorst.[5] Allerdings ist die Erklärung Dittmaiers in letzter Zeit in Frage gestellt worden. Der bekannte Namenforscher Jürgen Udolph und seine Mitarbeiter behaupten vielmehr als Anschluss für das Namenwort (*h*)*lâr* ein Wort *lâr* (ohne anlautendes h!) mit einer nirgends belegten Bedeutung ‚lichter Wald'.[6] Allerdings stehen dieser Erklärung, die leider auch Eingang in die bisher erschienenen Bände des im Entstehen begriffenen Westfälischen Ortsnamensbuches gefunden hat, gewichtige sprachliche Gründe entgegen, auf die der Germanist und Namenforscher Paul Derks hingewiesen hat. Denn das angebliche Wort *lâr*, das Udolph aus dem dem Niederdeutschen nah verwandten Altenglischen erschlossen hat, nämlich aus *læs, læswe* ‚Viehweide‘, lautet niemals auf *h* an, das niederdeutsche *(h)lâr* ausweislich der Quellenzeugnisse für die Frühzeit immer. Somit hat das *h*, das damals noch als *ch* zu sprechen ist, eine lautliche Bedeutung und niederdeutsches Namenwort *hlâr/hlâri* kann nicht mit altenglisch *læs, læswe* ‚Viehweide‘ verbunden werden.[7] Es ist also weiterhin Dittmaiers Erklärung zu folgen und das Namenwort *hlâr/hlâri* als Zaun- und/oder Siedlungsbegriff zu verstehen.

RUKES- / ROKES-

Doch was meint der erste Teil des Ortsnamens *Rukeslare/Rokeslere*, des späteren Roxels? Auch das Wort *Rukes-*, *Rokes-* kennen wir heute nicht mehr. In Frage kommt hier wohl nur altniederdeutsch *hrôk*, mittelniederdeutsch *rôk* ‚Krähe‘. *Rukes-*, *Rokes* ist dann der Wessenfall (Genitiv). Somit ergibt sich „Krähenpferch‘ oder ‚Krähensiedlung‘ als Übersetzung von Roxel. Natürlich kann das vermehrte Vorkommen von Krähen den Namen motiviert haben, doch ist für einen Siedlungsnamen noch eine andere Erklärung wahrscheinlicher: Nicht die niederdeutsche Vogelbezeichnung für die Krähe steckt im Namen, sondern ein von der Tierbezeichnung abgeleiteter männlicher Rufname **Hrôk* oder **Rôk*. Dass ein solcher Vor- oder Beiname einer Person nicht ungewöhnlich ist, zeigen etwa die alten niederdeutschen männlichen Rufnamen wie *Hraban* bzw. *Rave* ‚der Rabe‘ oder andere Rufnamen, die auf Tierbezeichnungen zurückgehen, etwa auf den *Wolf*.[8] Roxel ist also entweder die ‚Krähensiedlung‘ oder wahrscheinlicher die ‚Siedlung eines Mannes namens **Hrôk*, **Rôk*‘. Letzter ist dann als der ursprüngliche Eigentümer oder Grundherr der Siedlung anzusehen.[9]

ROXEL BEI WADERSLOH

Noch eine Kuriosität am Ende: Auch in Wadersloh gibt es ein Roxel, das heute gleichlautend mit dem münsterischen Roxel ist. Doch hat der Ortsname Roxel bei Wadersloh einen etwas anderen Ursprung. Die historischen Belege 1231 „in Rokeslo", 1260 (1261) „in Rokeslo" zeigen, dass dieser Name nicht mit dem Grundwort (*h*)*lâr* ‚Zaun, Pferch, Wohnung, Siedlung', sondern mit mittelniederdeutsch *lô* ‚Niederwald, Hudewald, Busch' zusammengesetzt ist. Roxel bei Wadersloh bedeutet also entweder ‚Krähenwald' oder ‚Wald eines Mannes namens *Hrôk*, *Rôk*'.[10]

[1] Jacob Grimm, Über hessische Ortsnamen, in: Zeitschrift des Vereins für hessische Geschichte und Landeskunde 2 (1840), S. 132–154, hier S. 133.

[2] WOB 3, S. 328 f.

[3] WOB 3, S. 244.

[4] Heinrich Dittmaier, Die (h)lar-Namen. Sichtung und Deutung. Köln, Graz 1963.

[5] Paul Derks, *ham* und *hlâr-*. Zaun und Hegung in westfälischen Ortsnamen, Lage 2019, S. 89–102.

[6] Jürgen Udolph, Namenkundliche Studien zum Germanenproblem, Berlin u.a. 1994, S. 473–497.

[7] Siehe dazu ausführlich: Derks, *ham* und *hlâr-* (wie Anm. 5), S. 74–106.

[8] Vgl. dazu: Gunter Müller, Studien zu den theriophoren Personennamen der Germanen, Köln u.a. 1970.

[9] WOB 3, S. 328 f. Der von Korsmeier als wahrscheinlichste Erklärung angeführte Anschluss an altsächsisch *hrôk*, niederländisch *rook* ‚Haufen, Heustapel' wird nur durch die leicht erhöhte Lage des Ortes begründet. Allerdings ist die Bedeutung von *hrôk* nicht ‚Erd-Erhebung', sondern ‚Haufen, Heustapel'. Ein Haufen wird gebildet durch Schichtung beweglicher Sachen oder durch eine dichte Menge von Menschen und Tieren. Er ist also etwas anderes als ein Hügel. Deshalb kommt das Wort auch in anderen Orts- und Flurnamen nicht vor und wird daher auch für Roxel abzulehnen sein. Toivi Valtavuo, Der Wandel der Worträume in der Synonymik für ‚Hügel'. Helsinki 1957; Gunter Müller, Die D[eutsche] W[ort]-A[tlas]-Karte ‚Hügel' und die toponymische Vertretung ihrer Heteronyme im Westfälischen, in: Niederdeutsches Wort 25 (1985), S. 137–162.

[10] WOB 3, S. 327 f. Für die Deutung von Korsmeier als ‚Wald auf einer Anhöhe' gelten ebenfalls die Ausführungen in Anm. 9.

Der Zaun war in der Vergangenheit für menschliche Siedlungen elementar. Er war Schutz und Rechtsgrenze zugleich. Durch ihn wurde die Siedlung erst von der Umgebung abgegrenzt und zu einem eigenen Rechtsbereich gemacht.

Bild: Kupferstich aus den „Georgica Curiosa Aucta" von Wolf Helmhardt von Hohberg, Bd. 1, Nürnberg 1716, S. 199.

Verschiedene Zaunarten im „Mühlenhof"
Foto: Christof Spannhoff (2014)

MÜNSTER –
STADT DER VIELEN DÖRFER

Münster ist nicht nur „Universitäts-" oder „Fahrradstadt", „Stadt des Westfälischen Friedens", „Schreibtisch des Münsterlandes" oder „heimliche Hauptstadt Westfalens". Nein, sie könnte spätestens seit der Eingemeindung vieler Ortschaften in den 1970er-Jahren auch mit Fug und Recht „Stadt der vielen Dörfer" genannt werden. Zumindest gewinnt man diesen Eindruck, wenn man die Ortsnamen im Bereich des heutigen Stadtgebietes näher betrachtet: Da gibt es Böntrup, Eickendrup, Gittrup, Handorf, Kintrup, Klettendorf, Middendrup, Middrup, Sandrup, Scheltrup, Sentrup, Sessendrup, Suttarp, Wattendrup, Wentrup und weitere mehr.

DORF

Allen ist gemein, dass sie im zweiten Teil ihres Namens das Wort *Dorf*, niederdeutsch *Dorp* enthalten, das auch in den Varianten *-drup*, *-trup*, *-torp* oder *-tarp* erscheint. Auffällig ist, dass der Bestandteil -*dorf* in Ortsnamen sogenannte Kirchdörfer, also Dörfer im heutigen Sinn, aber auch Weiler ohne Gotteshaus und sogar Einzelhöfe benennen kann. Lange haben Sprachwissenschaftler an diesem Phänomen gerätselt. Denn erst 1977 hat der münsterische Sprachwissenschaftler und Mediävist Rudolf Schützeichel (1927–2016) die zahlreichen Forschungen zum Wort Dorf zusammengefasst und eine einleuchtende Erklärung vorgelegt.[1] Dabei konnte er bereits auf wichtige Studien seiner ebenfalls in Münster forschenden und lehrenden Vorgänger Theodor Baader (1888–1959) und William Foerste (1911–1967) zu diesem Problem zurückgreifen.[2] Schützeichel kam zu dem Schluss, dass die Grundbedeutung des Wortes Dorf ‚Einfriedung' gewesen sein müsse. Diese allgemeine Bedeutung dürfte das Wort noch besessen haben, als es im 4. Jahrhundert in der gotischen Bibelübersetzung des Bischofs Wulfila erstmals in einer germanischen Sprache als *thaurp* erschien. ‚Zaun' oder ‚Einfriedung' bedeutete das Wort auch noch in der altnordischen poetischen Umschreibung (Kenning) *geirthorp* für den Kampfschild, der hier metaphorisch als ‚Pferch der Speere (*geir* = Ger = Speer)' erscheint. In *geirthorp* meint der Bestandteil -*thorp* also den Eisenrand des Schildes als dessen Begrenzung. Aus dieser Grundbedeutung konnte sich dann die breite Bedeutungspalette des Wortes in den germanischen Sprachen entwickeln, die von Herde, Ansammlung, Menge, Pferch, Gehege, umzäunter Platz bis Einzelhof und Gruppensiedlung reicht. Diese Objekte haben alle eines gemeinsam: Sie waren umzäunt bzw. lassen sich aus dem Umzäuntsein erklären. Nicht der Gegensatz zwischen Einzelhof und Gruppensiedlung wurde also ursprünglich mit „Dorf" ausgedrückt, sondern die Gemeinsamkeit war vielmehr die Umzäunung oder Einfriedung. Vergleichbar ist die Entwicklung des gemeingermanischen Wortes Zaun, das im Niederländischen als *tuin* den ‚umzäunten Garten‘ und im Englischen als *town* einen ‚umzäunten Wohnplatz‘ bzw. heute eine ‚Ortschaft, Stadt‘ bezeichnet. Ursprünglich meinte Dorf also den ‚umzäunten Platz‘ oder das ‚eingefriedete Gelände‘, später das ‚umzäunte Gebäude‘ oder die ‚Gebäudegruppe‘. Aufgrund dieser Erkenntnis lässt sich auch das Rätsel der Etymologie des Wortes lösen. Denn die Frage, ob „Dorf“ urverwandt ist mit lateinisch *turba* ‚Menge‘ oder lateinisch *trabs* ‚Balken‘, fällt damit zugunsten des Balkens als Bestandteil einer festen Einfriedung aus.[3] Im Hochmittelalter scheint sich im Münsterland bereits die Bedeutung von Dorf als Gruppensiedlung durchgesetzt zu haben. Denn das um 1100 abgefasste Freckenhorster Heberegister benutzt das Wort *tharp* (Dativ: *tharpa*) ausschließlich für aus mehreren Bauernstellen bestehende Siedlungen, während der Einzelhof als *hof* (Dativ: *hova*) erscheint.[4]

THORPA > DORF

Sowohl im Hochdeutschen wie im Niederdeutschen lautet das Wort Dorf, Dorp heute mit *d* an. Die älteren Belege zeigen aber, dass es ursprünglich an dieser Stelle einen Reibelaut aufwies, wie es das Englische noch immer mit seinem *th* besitzt. Daher erklären sich auch die Formen auf *t* in den heutigen westfälischen Ortsnamen -*trup*, -*torp* oder -*tarp*, die auf den ersten Blick nicht unbedingt so aussehen, also ob sie zu niederdeutsch Dorp gehören. Nach Nasallaut (*m*, *n*), Liquid (*l*, *r*) oder Reibelaut (*s*, *f*) konnte sich auch ein *t* entwickeln. Oder das *d* glich sich später an, wenn ein *t* am Ende des Erstgliedes vorausging. Auffällig ist zudem der häufige Sprung des *r* (Metathese) und die vokalischen Varianten mit *u* oder *a* (-*drup*, -*trop*, -*tarp*).[5]

RUFNAME / PERSONENGRUPPE

Ein Großteil der münsterischen Ortsnamen auf -*dorf*, -*dorp* etc. ist mit einem Rufnamen bzw. mit Personengruppenbezeichnungen gebildet worden. So ist das 1022/23 erstmals als *Sandondorp* erscheinende Sandrup die ‚gehegte Siedlung des Sando‘.[6] In Gittrup, das ebenfalls bereits 1022/23 als *Getlingthorp* erscheint, stecken die ‚Getilinge‘, also die ‚Leute eines Getil‘[7], in Scheltrup nördlich von Nienberge (1336 *Scalkinctorpe*) die ‚Leute eines Skalk(o)‘.[8] In Sessendrup (um 1336 *Seslinctorpe*, nach 1366 *Sessinctorpe*, 1498 *Sessinctorp*), dessen Name heute noch im Straßennamen Sessendrupweg in Nienberge erhalten ist, sind die ‚Leute eines Sasso‘ verewigt.[9] Im Ortsnamen Kintrup bei Handorf (Ende 14. Jh. *Kevelinctorp*), der ab 1412 in den Hofnamen Große und Lütke Kintrup erscheint, finden sich die ‚Kevelinge‘, also die ‚Leute eines Kavilo/Kevel‘.[10] Auf diese Art und Weise sind auch Sentrup (1392–1424 *Semelinctorpe* – ‚Siedlung der Leute des *Samil[o]/*Semel[o]‘)[11], Klettendorf bei Angelmodde (heute Beerenbrock, 1317 *Klepelinctorpe* – ‚Siedlung der Leute des *Klapil[o]‘)[12], Böntrup in der Bauerschaft Wilbrenning (1253 *Bovinctorpe* – ‚Siedlung der Leute eines *Bôvo*‘)[13], Eickendrup südöstlich von Amelsbüren (1345 *Eckingtorpe* – ‚Siedlung der Leute eines *Aki/*Ako*‘)[14], Wentrup südlich von Hiltrup in der Bauerschaft Bach (10. Jahrhundert *in Uuiningthorpe* – ‚Siedlung der Leute eines *Wini/Wino*‘)[15] gebildet worden.

LAGEBEZEICHNUNGEN

Neben Rufnamen oder Personengruppenbezeichnungen werden die *-dorf*-Namen auch mit Wörtern gebildet, die auf die Lage der Siedlung hinweisen. So liegen Middendrup bei Hiltrup (14. Jahrhundert *Myddendorpe*)[16] und Middrup in Altenroxel (Ende 14. Jahrhundert *Middendorpe*)[17] ‚mitten‘ ‚in der Mitte‘ (zu mittelniederdeutsch *midden*), Suttarp bei Amelsbüren (14. Jahrhundert *Suttorpe*) befindet sich im Süden (zu altniederdeutsch *sûth* ‚Süden‘).[18] Handorf (1022/23 *Hantorp* bzw. *Haonthorp*, 12. Jahrhundert *Hondorp*) ist höher gelegen (zu altniederdeutsch *hôh*, mittelniederdeutsch *hô*, *hôch* ‚hoch, hoch gelegen‘). Dem Ortsnamen liegt eine Wendung **to themo hohen thorpe*, also ‚zu/bei der hohen Siedlung‘ zugrunde.[19] Benennungsmotiv war die erhöhte Lage gegenüber dem Umland, insbesondere den Niederungen der Werse. Der Ortsname Wattendrup südlich von Gelmer, der 1022/23 als *Wepponthorp* bzw. *Weppentharp* erscheint und erst viel später zu Wattendrup wird, kann nicht eindeutig erklärt werden. In seinem ersten Teil steckt entweder ein Rufname **Weppo*, der allerdings nicht belegt, sondern nur erschlossen ist (‚Siedlung eines **Weppo*‘), oder *Weppen-* ist an ein germanisches Wort **uep* in der Bedeutung ‚Sumpf‘ anzuschließen, wodurch sich die Bedeutung ‚Sumpf-Siedlung‘ ergäbe.[20]

ANMERKUNGEN

[1] Rudolf Schützeichel, ‚Dorf'. Wort und Begriff, in: Das Dorf der Eisenzeit und des frühen Mittelalters. Siedlungsform – wirtschaftliche Funktion – soziale Struktur, hrsg. v. Herbert Jankuhn, Rudolf Schützeichel u. Fred Schwind, Göttingen 1977, S. 9–36.

[2] Theodor Baader, Dorf. Wort und Sache in der Siedlungskunde, in: Jahrbuch des Vereins für niederdeutsche Sprachforschung 79 (1956), S. 71–84; William Foerste, Zur Geschichte des Wortes Dorf, in: Studium generale 16 (1963), S. 422–433.

[3] Paul Derks, „Cenobium Herreke" und die „Hertha-Eiche". Eine Nachlese zum Herdecker Stadtjubiläum, in: Der Märker. Landeskundliche Zeitschrift für den Bereich der ehem. Grafschaft Mark und den Märkischen Kreis 41 (1992), S. 207–223; Ders., Die Siedlungsnamen der Stadt Lüdenscheid. Sprachliche und geschichtliche Untersuchungen, Lüdenscheid 2004, S. 158 f.

[4] Baader, Dorf (wie Anm. 2), S. 75, 81–82. Die Heberegister des Klosters Freckenhorst nebst Stiftungsurkunde, Pfründeordnung und Hofrecht, hrsg. v. Ernst Friedlaender, Münster 1872, S. 25–59. Zur neueren Datierung in die erste Hälfte des 12. Jahrhunderts vgl. Joachim Hartig, Das Freckenhorster Heberegister, in: Kirche und Stift Freckenhorst. Jubiläumsschrift zur 850. Wiederkehr des Weihetages der Stiftskirche in Freckenhorst am 4. Juni 1979, Freckenhorst 1979, S. 186–192, hier S. 191–192.

[5] Baader, Dorf (wie Anm. 2), S. 76.

[6] WOB 3, S. 335 f.

[7] Ebd., S. 165 f.

[8] Ebd., S. 339.

[9] Ebd., S. 355 f.

[10] Ebd., S. 231 f.

[11] Ebd., S. 353 f.
[12] Ebd., S. 235.
[13] Ebd., S. 72 f.
[14] Ebd., S. 119 f.
[15] Ebd., S. 419 f.
[16] Ebd., S. 275 f.
[17] Ebd., S. 276 f.
[18] Ebd., S. 374.
[19] Ebd., S. 184 f.
[20] Ebd., S. 417 f.

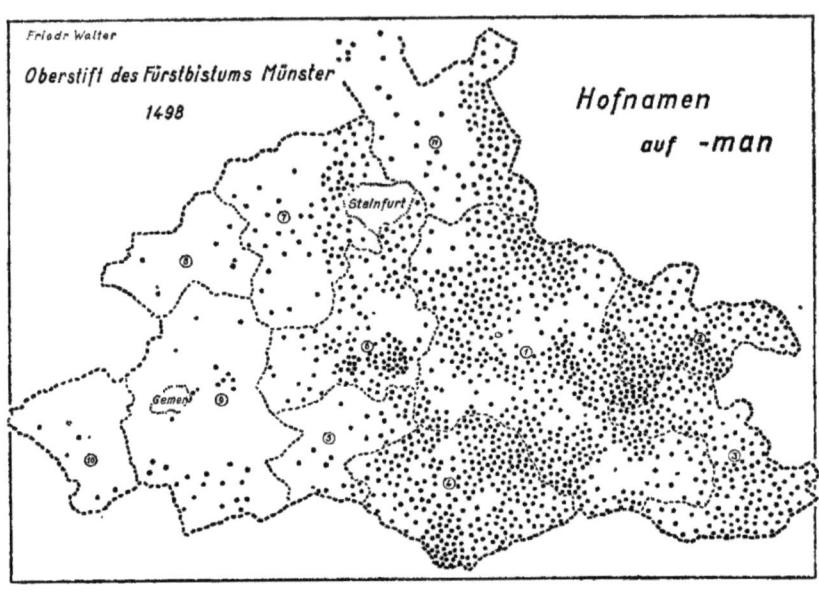

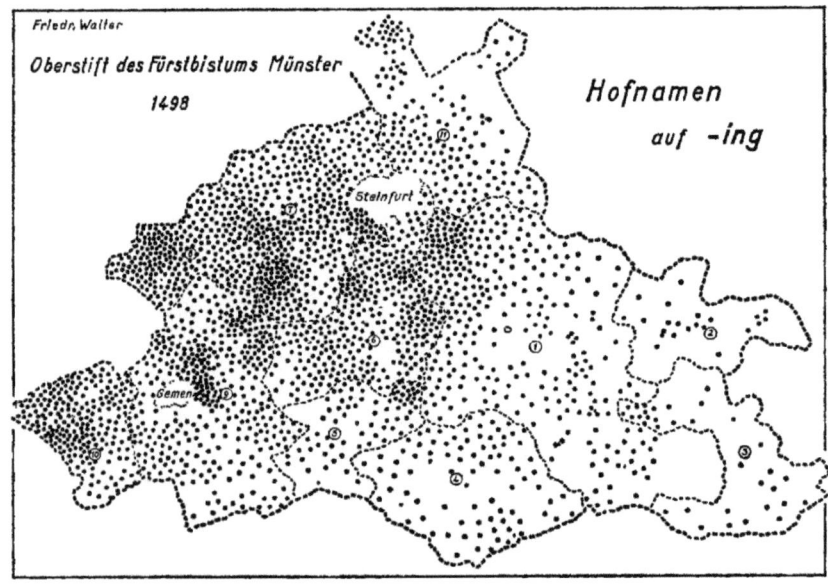

Hofnamen auf *-ing* und *-mann* 1498
Quelle: Walter, Entstehung (wie hier S. 131, Anm. 12)

HOFNAMEN SIND ORTSNAMEN

Im Münsterland gehören auch die Namen von Höfen, also landwirtschaftlichen Betrieben, zu den Ortsnamen! Das hängt mit der Siedlungsstruktur der Region zusammen. Das Umland der Stadt Münster ist nämlich als Streusiedlungsgebiet zu charakterisieren. Das heißt, dass sich hier – neben den Kirchdörfern als Räumen verdichteter Siedlung – auf dem Land vorwiegend einsam gelegene Einzelhöfe oder kleine weilerartige Gehöftgruppen finden.[1] Doch wie entstanden eigentlich die münsterländischen Hofnamen?

HOFNAMEN

Bevor im 18. und dann vor allem im 19. Jahrhundert eine Nummerierung der Höfe und Hausstätten im Münsterland erfolgte, setzte sich die Adresse eines Bauernhofes aus der Nennung des Kirchspiels oder der Gemeinde, der sogenannten Bauerschaft und einem Hofnamen zusammen, also dem an der Hofstätte haftenden, festen Namen.[2] Moment! – wird an dieser Stelle nun vielleicht mancher Leser einwenden:

Hofnamen sind doch aber auch vielfach identisch mit den Familiennamen der auf den Höfen lebenden und wirtschaftenden Menschen. Dann wären ja auch Familiennamen in einigen Fällen Ortsnamen. Aber kann das sein? Mit dieser Frage ist man dann bereits bei einem wichtigen Phänomen der münsterländischen Hofnamen angelangt. Betrachtet man Namen wie *Konermann, Beckmann, Eschmann* usw., die sowohl einen Hof als auch eine Familie benennen, was hat man dann eigentlich vor sich? Einen Hofnamen? Oder doch eher einen Familiennamen? Das Grundwort des Namens Konermann, also -*mann*, lässt ja eigentlich auf eine männliche Person schließen. Und dass hier wirklich ursprünglich der Mann gemeint ist, zeigt das weibliche Pendant, das sich am benachbarten Niederrhein findet. Hier steht einem *Eikmann* auch ein *Eikwief*, einem *Lindmann* ein *Lindwief* zur Seite (zu niederdeutsch *wief* ‚Frau, Weib‘).[3] Sind also die zahlreichen münsterländischen Namen auf -*mann* eigentlich gar keine Hofnamen? Und wie verhält es sich bei einem Hofnamen wie *Möller* oder *Schmedt*? Sind das nicht eher Namen nach den Berufen Müller und Schmied, die der Besitzer des Hofes einst ausübte und damit letztlich auch Personennamen? Im Münsterland war der Hof eine wichtige wirtschaftliche Größe. Er stellte den Mittelpunkt der auf ihm lebenden und wirtschaftenden Familie dar. So entstand quasi ein symbiotisches Verhältnis von Hof und Familie. Durch die enge Bindung zwischen dem Hof als Wohn- und Wirtschaftseinheit und dem Besitzer kam es daher vielfach zur Verschmelzung von Hof- und Familienname. Unterstützt wurde diese Entwicklung durch das „Anerbenrecht", das dafür sorgte, dass der Hof ungeteilt an die nächste Generation weitergegeben wurde, und durch die im Münsterland vorherrschende Eigenhörigkeit, durch die nicht nur der Hof, sondern auch sein Besitzer von einem Herrn abhängig waren. Diese enge, auch grundherrliche Bindung an den Hof förderte die Bildung von Hofnamen. Hof- und Familienname ist also im ländlichen Bereich des Münsterlandes kaum voneinander zu trennen und besaß eine Art Doppelfunktion.[4]

KATEGORIEN

Die oben bereits erwähnten Hofnamen Möller und Schmedt zeigen zudem ein weiteres Merkmal: Wie die Familiennamen lassen sich auch die Hofnamen in verschiedene Kategorien einteilen: Zum einen gibt es welche, die aus Rufnamen oder Vornamen entstanden sind, zum anderen Hofnamen, die sich von der Lage des Hofes ableiten und daher vielfach alte Flurbezeichnungen enthalten. Hinzu treten noch Hofnamen aus Berufsbezeichnungen (*Möller*, *Schmedt*), aus Herkunftsbezeichnungen, die anzeigen, dass jemand aus einem anderen Ort zugezogen ist (z.B. *Bernd von Minden* oder *Hermann von Ahaus*), und zuletzt die sogenannten Übernamen, bei denen ein Hofbesitzer nach bestimmten körperlichen, charakterlichen oder anderen Merkmalen benannt wurde: Der *Wrede*, hochdeutsch der ,Wilde‘, hatte sicherlich zum Zeitpunkt der Entstehung des Namens ein überschäumendes Temperament und auch der *Quade*, zu niederdeutsch *quad* ,schlecht, böse‘, war sicherlich kein angenehmer Nachbar. Das galt natürlich nur für den Augenblick der Bildung des Namens. Heute können Namensträger *Wrede* oder *Quade* ganz freundliche Zeitgenossen sein![5]

ALTER VON HOFNAMEN

Diese verschiedenen Entstehungsmöglichkeiten lassen schon erahnen, dass Hofnamen auch ein ganz unterschiedliches Alter haben können. Aber ab wann kann denn überhaupt mit Hofnamen gerechnet werden? Die Beantwortung dieser Frage ist vor allem auch ein Quellenproblem. Denn je weiter man in der Zeit zurückblickt, desto spärlicher wird die schriftliche Überlieferung. Erst 1498/99 liegt mit der Willkommschatzung für den neuen münsterischen Bischof Konrad von Rietberg erstmals ein geschlossenes namentliches Verzeichnis aller Schatzpflichtigen im Münsterland vor.[6] Davor gibt es zwar zahlreiche Urkunden und einige Abgabenverzeichnisse, die uns Hofnamen überliefern, aber diese sind nicht flächendeckend.[7] Schaut man hingegen in die früh- und hochmittelalterlichen Güterregister, wie etwa das älteste Urbar des Klosters Werden aus der Zeit um 890[8] oder das um 1100 aufgezeichnete Freckenhorster Heberegister[9], so stellt man fest, dass diese Listen in der Regel noch keine Hofnamen kennen. Der Abgabenpflichtige wird durch seinen Rufnamen gekennzeichnet und durch den Namen des Ortes, an dem er wohnte. Diese Ortsnamen können allerdings nicht als eigentliche Hofnamen gelten, weil zu vielen Orten mehrere Abgabepflichtige genannt werden. Hinzu kommt, dass auch die Rufnamen der Hörigen noch nicht mit den späteren, aus Rufnamen entstandenen Hofnamen übereinstimmen, sondern noch von Generation zu Generation wechseln. Allerdings fällt auf, dass sich viele der in den Registern genannten Ortsnamen später doch als Hofnamen wiederfinden. Es ist deshalb in der älteren Forschung behauptet worden, dass es sich bei den in

den Güterverzeichnissen genannten Ortsnamen um Bauerschaftsnamen oder Namen von angeblichen „Unterbauer-
schaften" gehandelt habe. Doch sind die in diesen frühen
Listen genannten Ortsnamen nicht mit den späteren Bauerschaftsnamen gleichzusetzen. Zwar finden sich einige dieser Namen auch in den späteren Benennungen von Bauerschaften wieder, allerdings stehen den ca. 4.000 genannten
hochmittelalterlichen münsterländischen Ortsnamen spätere 300 Namen von Gemeinden und 750 Bauerschaftsnamen gegenüber. Gut 3.000 alte Ortsnamen fehlen also. Sie
sind entweder zu Hofnamen geworden oder aber gänzlich
verschwunden. Die Ortsnamen der frühen Abgabenregister
benennen also noch keine Bauerschaften, sondern vielmehr
kleine Siedlungen aus zwei bis fünf Gehöften, von denen
jeweils mehrere in den späteren Bauerschaften aufgingen.
Diese kleinteilige Gliederung zeigt bereits für die Zeit des 9.
bis 12. Jahrhunderts deutlich den Streusiedlungscharakter
der Region. Das ganze Land war überzogen von kleinen
Hofgruppen, die alle einen eigenen Namen trugen.[10] Bis um
1100 besaß der Großteil der münsterländischen Höfe also
vermutlich noch keinen individuellen Hofnamen, sondern
mehrere Höfe teilten sich vielmehr einen Hofgruppennamen. Die Identifizierung erfolgte durch den Rufnamen des
jeweiligen Besitzers und den Namen der Hofgruppe oder
Kleinstsiedlung, zu der er gehörte. Erst im 12. Jahrhundert
beginnt dann der langwierige Prozess der individuellen
Hofnamenprägung. Diese Entwicklung, die zum einen mit
einem Anstieg der Bevölkerungszahlen, zum anderen mit
einer Umstrukturierung der grundherrlichen Verfassung
und Intensivierung der wirtschaftlichen Verwaltung in Zusammenhang steht, konnte in Einzelfällen sogar noch bis

weit in die Neuzeit andauern.[11] Doch waren auch die neu-
zeitlichen Hofnamen noch immer nicht fest, sondern konnten sich teilweise oder ganz verändern. So erscheinen 1498
im Kirchspiel Telgte ein *Bernt to Ringe*, ein *Hinrich to Ringe*
sowie ein *Johan to Ringe*. *Ringe* ist der Name einer alten
Hofgruppe im westlichen Teil der späteren Bauerschaft
Verth, die schon um 1100 im Freckenhorster Heberegister
als *Hringie* erscheint. Diesen alten Ortsnamen führt seit
1536 der Hofname *Ringemann* fort.[12]

EINZELHÖFE

Allerdings zeigen früh- und hochmittelalterliche Urkunden, dass es auch vor 1100 bereits vereinzelte Hofnamen
gegeben hat. Diese hingen vor allem an großen Einzelhöfen,
die lateinisch als *curia* oder *curtis* und später als Schulten-
höfe erscheinen. Diese müssen bereits vor 1100 Namen
besessen haben, denn viele Kirchen im Münsterland, die
nach ihrer Gründung neues Siedlungszentrum ihres Spren-
gels wurden, entstanden auf diesen Einzelhöfen. Und von
diesen Höfen übernahm dann vielfach der Kirchort und
später auch das gesamte Kirchspiel den ursprünglichen
Hofnamen. Viele dieser Einzelhöfe werden also schon vor
der jeweiligen Kirchengründung Namen getragen haben –
und diese Namen können somit im Einzelfall bis in das 9.,
wenn nicht gar – im Fall von ganz frühen Kirchengründungen – in das späte 8. Jahrhundert zurückdatiert werden.
Wenn aber die Einzelhöfe, bei denen später eine Kirche
entstand, schon früh einen Namen trugen, so werden auch
die anderen großen Einzelhöfe ohne Kirche Namen gehabt

haben. Diese unterschieden sich aber in ihrer Bildungsweise nicht von den Ortsnamen.[13]

KÖNIG-HÖFE

Eine weitere Gruppe früher Hofnamen sind die Hofnamen König, die auf Königsgut zurückgehen. Sie müssen ihren Namen bereits im 9. oder 10. Jahrhundert erlangt haben, wie das Beispiel der Höfe Schulte König bei Bocholt, Gemen und Nottuln zeigt. Diese Höfe wurden Mitte des 10. Jahrhunderts von der Königin Mathilde († 968), der Witwe Heinrichs I. († 936), an das Stift Nordhausen in Thüringen verschenkt, dem sie bis 1263 gehörten. Der auf Königsbesitz sich beziehende Name muss also vor der Schenkung an das Stift entstanden sein.[14]

ENTWICKLUNGEN

Der Großteil der individuellen münsterländischen Hofnamen bildete sich erst seit dem 12. Jahrhundert allmählich aus. Zuvor wurden die Höfe durch den Rufnamen der Besitzer und einen Hofgruppennamen gekennzeichnet. Ältere, oftmals abseits von den Höfegruppen gelegene Einzelhöfe trugen aber bereits wesentlich früher individuelle Namen. Diese unterschieden sich in ihrer Bildungsweise aber kaum von den Namen der Höfegruppen. Seit dem Hochmittelalter setzte dann eine Entwicklung ein, die die Hofnamen in größere Nähe zu den Personennamen rückte. Die Benennungen nach der Hofstelle mit *-hûs* oder *–hof / -hôve* traten gegenüber Schöpfungen mit der Endung *-ing* zurück. Diese Bildungsweise war bis in die Neuzeit hinein produktiv und im Münsterland weit verbreitet. Die -ing-Endung diente zur Kennzeichnung von Personenverbänden. Viele der Namen auf -ing sind daher auch mit einem Rufnamen im ersten Teil gebildet. Sie sind für Westfalen seit dem 12. Jahrhundert bezeugt und im Münsterland während des 14. und 15. Jahrhundert weitaus häufiger als alle anderen Hofnamentypen gewesen. Auch Bezeichnungen von Berufen, die auf Höfen ausgeübt wurden, wie der des Schmiedes (*Smeding*, *Schmieding* = zum Schmied/zur Schmiede gehörig) oder *Möllering* (= zur Mühle/zum Müller gehörig), konnten so kombiniert werden. Diese Hofnamen auf -ing waren seit dem Hochmittelalter im gesamten Münsterland verbreitet. Allerdings drang später von Osten eine neue Namenmode vor, nämlich die Bildungen auf -mann. Um 1500 hatten die Namen auf -mann bereits die gesamte östliche Hälfte des Münsterlandes eingenommen, während im westlichen Teil des Fürstbistums noch die Endung -ing bei Hofnamen vorherrschte. Das -ing wurde im Osten des Münsterlandes also vielfach durch -mann ersetzt.[15]

BOVEMANN UND WILBRENNING

Ein solches Beispiel ist auch der münsterische Hofname Bovemann, südlich von Albachten in der Bauerschaft Niederort (später Plöger), der 1253 als *Bovincthorpe*, 1354 *tho Bovinch*, dann aber 1499 als *Boueman* (lies *u* = *v*) erscheint und damit genau die hier beschriebene Entwicklung zeigt. In ihm ist der Rufname *Bôvo* enthalten, der mit dem Bestandteil -ing und in seiner ältesten Form zudem noch mit dem Grundwort -thorp ‚Einzelhof, (Gruppen-)Siedlung, Dorf' kombiniert war, also ursprünglich ‚Wohnstätte/Siedlung der Leute des *Bôvo* bzw. der *Bôvinge*' meinte.[16] Eine ähnliche Entwicklung zeigt auch der Name des Einzelhofs Wilbrenning, der später auf die münsterische Bauerschaft zwischen Hiltrup und Senden übergegangen ist: 1238 *in curti Wilbrandinghove*, 14. Jahrhundert *Wilbrandinch*. Hier wurde allerdings der Bestandteil *-ing* nicht durch *-mann* ersetzt, sondern die ältere Form beibehalten: ‚Hof der Leute des Wilbrand bzw. der Wilbrandinge'.[17]

ANMERKUNGEN

[1] Manfred Balzer, Grundzüge der Siedlungsgeschichte (800–1800), in: Westfälische Geschichte, hrsg. v. Wilhelm Kohl, 3 Bde., Düsseldorf 1982–84, Bd. 1, S. 231–273; Ders., Kirchen und Siedlungsgang im westfälischen Mittelalter, in: Leben bei den Toten. Kirchhöfe in der ländlichen Gesellschaft der Vormoderne, hrsg. v. Jan Brademann u. Werner Freitag, Münster 2007, S. 83–115.

[2] Albert Karl Hömberg, Ortsnamenkunde und Siedlungsgeschichte. Beobachtungen und Betrachtungen eines Historikers zur Problematik der Ortsnamenkunde, in: Westfälische Forschungen 8 (1955), S. 24–64.

[3] Georg Cornelissen, Terstegen vom Stegerhof. Hofnamen und bäuerliche Familiennamen am Niederrhein, in: Bauern, Höfe und deren Namen am Niederrhein, hrsg. v. Stefan Frankewitz u. Georg Cornelissen, Geldern 2013, S. 29–68.

[4] Friedel Helga Roolfs, Münsterländische Hofnamen im Lichte des Wechselbuchs des Klosters Vinnenberg, in: Niederdeutsches Wort 51 (2011), S. 163–176.

[5] Timothy Sodmann, Die westmünsterländischen Hof- und Familiennamen in der fürstbischöflichen Willkommschatzung von 1498/99, in: Von Abbenhues bis Zybeldinck. Die westmünsterländischen Hof- und Familiennamen des späten 15. und frühen 16. Jahrhunderts, hrsg. v. Timothy Sodmann, Vreden 1997, S. 9–230; Gunter Müller, Die Entstehung der Hofnamen, in: Auf den Spuren zu unseren Wurzeln. Stammbäume und Chroniken bäuerlicher Familien in Münster, hrsg. v. Johanna Große-Kleimann, Münster 1998, S. 33–36.

[6] Die Register der Willkommschatzung von 1498 bis 1499 im Fürstbistum Münster, 2 Bde., Münster 1976–2001, Bd. 1: Die Quellen, bearb. v. Joachim Hartig, Münster 1976.

[7] Müller, Entstehung (wie Anm. 5).

8 Die Urbare der Abtei Werden a.d. R., hrsg. v. Rudolf Kötz-
schke, Bd. 1: Die Urbare vom 9.–13. Jahrhundert, Bonn 1906;
Christof Spannhoff, Zwei Miszellen zur Geschichte Dortmunds
im frühen Mittelalter (1. Zur Datierung der Ersterwähnung
Dortmunds, 2. Überlegungen zur Datierung und historischen
Einordnung des Dortmunder Bleisarges), in: Beiträge zur Geschichte Dortmunds und der Grafschaft Mark 109 (2018),
S. 8–22.
9 Die Heberegister des Klosters Freckenhorst nebst Stiftungsurkunde, Pfründeordnung und Hofrecht, hrsg. v. Ernst Friedlaender, Münster 1872. Friedlaender datiert das Register auf
die Zeit um 1050 (S. 19–24). Zur neueren Datierung in die
erste Hälfte des 12. Jahrhunderts vgl.: Joachim Hartig, Das
Freckenhorster Heberegister, in: Kirche und Stift Freckenhorst.
Jubiläumsschrift zur 850. Wiederkehr des Weihetages der
Stiftskirche in Freckenhorst am 4. Juni 1979, Freckenhorst
1979, S. 186–192, hier S. 191 f.
10 Hömberg, Ortsnamenkunde (wie Anm. 2).
11 Roolfs, Münsterländische Hofnamen (wie Anm. 4).
12 Friedrich Walter, Zur Entstehung münsterländischer Hofnamen, besonders im Raum Telgte. Ein Beitrag zur Methodik der
Hofnamenforschung, in: Niederdeutsches Wort 6 (1966),
S. 73–96.
13 Hömberg, Ortsnamenkunde (wie Anm. 2).
14 Ebd.
15 Walter, Entstehung (wie Anm. 12); Roolfs, Münsterländische
Hofnamen (wie Anm. 4).
16 WOB 3, S. 77.
17 Ebd., S. 436 f.

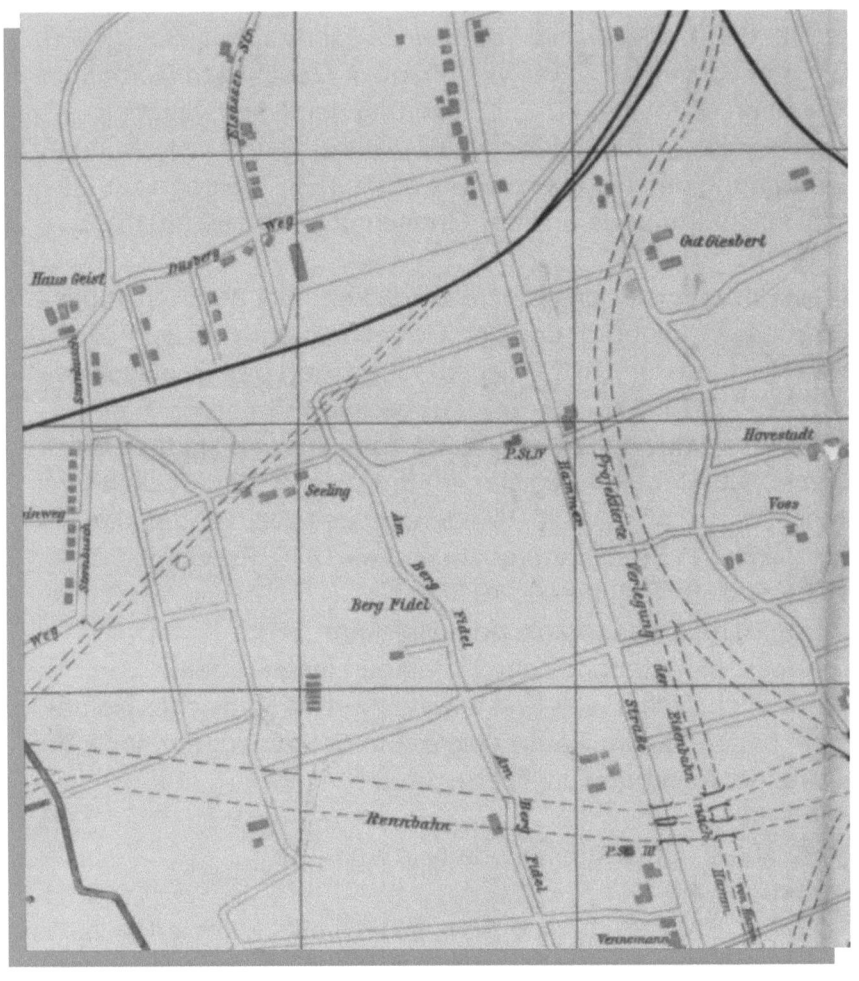

Berg Fidel auf einem Stadtplan von 1925

Quelle: Adreßbuch der Stadt Münster 1925

JUNGE ORTSNAMEN

   In einem nachfolgenden Teil dieser Reihe wird vom münsterischen Stadtteilnamen Pluggendorf die Rede sein, der auf
die 1853 abgebrochene Pluggenmühle zurückzuführen ist
und in seiner Form Pluggendorf erst im 19. Jahrhundert
entstand. Es handelt sich also um einen recht jungen Ortsnamen im Vergleich zu seinen bisher an dieser Stelle be-
handelten betagten „Verwandten". Obwohl sich die Bewohner zahlreicher Orte eines alten Namens rühmen und um
ein möglichst hohes Alter wetteifern, gibt es sie also doch:
junge Ortsnamenbildungen! Pluggendorf ist hier ein schö-
nes Beispiel, weil sein Zweitglied -dorf eine Analogiebildung zu anderen älteren Ortsnamen darstellt, obwohl der
Name von Anfang an einen Stadtteil – und kein „Dorf" – benannte.[1] In diesem Kapitel soll es also um junge Ortsnamen
gehen, die es auch in Münster gibt.

SUDMÜHLE

Wie Pluggendorf ist ebenso der Ortsname Sudmühle von einem Mühlenstandort auf die sich entwickelnde Siedlung übergegangen.[2] Mit dem Bau der Bahnstrecke Münster-Osnabrück 1870/71 erhielt Sudmühle eine Haltestelle. In den 1950er- und 1960er-Jahren entstand bei dieser eine kleine Einfamilienhaussiedlung. 1974 wurde das Freibad Sudmühle eröffnet, das mit Schwimmbecken, Liegewiesen und Speckbrettplätzen eingerichtet und auch heute noch ein beliebtes Ausflugsziel ist. Bereits um 1905 existierte am Handorfer Werseufer schon eine Badeanstalt des Schwimmvereins „Deutsche Kraft". An der Sudmühlenstraße liegt außerdem das Westfälische Pferdezentrum, in dem Eignungsprüfungen, Auktionen und Leistungsschauen für die Vierbeiner aus der Familie der Einhufer oder Equidae veranstaltet werden.[3]

GREMMENDORF

Wie der Ortsteilname Sudmühle auf eine Mühlenanlage zurückzuführen ist, so entstand auch der Name Gremmendorf ursprünglich aus einem einzelnen Anwesen: der Brinksitzerstelle *Gremme*, die 1546 erstmals erwähnt wird.[4] Ein Brinksitzer stand in der Hierarchie des ländlichen Sozialgefüges recht weit unten. Er bewohnte und bewirtschaftete eine Stätte, deren landwirtschaftliche Ausstattung nicht ausreichte, um eine Familie ernähren zu können. Deshalb übten Brinksitzer zumeist noch ein Handwerk aus oder verdingten sich mit Gelegenheitsarbeiten.[5] Es ist also eine Besonderheit, dass der Name einer derart

geringen Bauernstelle Grundlage eines heutigen Stadtteil-
namens wurde! Der hier betrachtete Stätten- und Familienname Gremme geht auf einen alten Rufnamen *Grimo* zurück, der etymologisch zu altniederdeutsch *grîmo* ‚Maske,
Helm‘ gehört. 1723 findet sich dann bereits die um das
Grundwort *-dorf* erweiterte Form *Gremme-Dorf*. Damals
scheint also bereits eine Siedlung aus mehreren Häusern
bestanden zu haben. Hier ist eine Analogiebildung zu den
Ortsnamen auf *-dorf* wie auch bei Pluggendorf anzunehmen. Insgesamt sind diese beiden Namenbildungsprozesse
recht vergleichbar. Die heutige Form Gremmendorf mit *n*
tritt dann im 19. Jahrhundert (1841) auf.[6]

MARIENDORF

Ein weiterer junger Ortsname ist Mariendorf. Es handelt
sich um eine Siedlung von etwa sechzig Häusern, die im
Bereich eines Weges entstanden sind. Diese Trasse lässt
sich bereits 1936 als „Mariendorfer Straße" belegen. Erste
Wohnbauten wurden schon vor dem Zweiten Weltkrieg
errichtet. Ein Ausbau erfolgte dann in den 1950er- und
1960er-Jahren, als die Siedlung am ehemaligen Feldweg
„Im Sundern" erweitert wurde. Damals siedelten sich in
Mariendorf zudem kleinere Gewerbebetriebe an. Die Her-
kunft des Namens ist bislang dunkel.[7] Der Volksmund erklärt ihn entweder mit der Marienfrömmigkeit der Bewohner bzw. einer Marienkapelle (vergleiche den Entstehungs-
prozess von Sudmühle oder Gremmendorf auf Grundlage
von Einzelbauwerken) oder als Benennung nach einer Hof-
angestellten namens Marie der sogenannten Boniburg, die
1898 von Bonifatius Reichsgraf von Hatzfeld-Trachenberg

erbaut und Ende der 1970er-Jahre abgerissen wurde. Letzteres ist jedoch eher unwahrscheinlich und vermutlich von der Schöpfung des Namens Boniburg aus dem Rufnamen Bonifatius abgeleitet.[8]

BERG FIDEL

Jung, aber trotzdem unbekannt ist auch der Namensursprung des Wohnbereichs *Berg Fidel*, der im Süden der Stadt zwischen dem Geistviertel und Hiltrup liegt und zum Stadtbezirk Hiltrup gehört. Von Anfang an war der Bereich als Wohnsiedlung mit urbanem Charakter entworfen worden. Zwischen 1967 und 1976 entstanden auf einer Fläche von 32 Hektar rund 1.250 Wohnungen. Heute wohnen etwa 5.500 Menschen in Berg Fidel, das vor allem für seine Sportstätten bekannt ist.[9] Der Name geht auf eine alte Flurbezeichnung zurück, die sich schon 1889 nachweisen lässt. Seit 1921 gibt es die Straße „Am Berg Fidel".[10] Während sich der Bestandteil *Berg* durch die Lage auf dem münsterischen Kiessandrücken erklärt, der auf der Linie von Nienberge nach Albersloh verläuft, weiß man mit dem *Fidel* nicht recht etwas anzufangen. Man hat es auf das Eigenschaftswort *fidel* ,heiter, lustig, vergnügt' zurückführen wollen oder auf dessen lateinische Grundlage *fidelis* ,treu', aber auch ,sicher', und als Benennung für eine ,sichere Anhöhe' oder einen ,Ort, an dem im Mittelalter Treueeide geleistet wurden', interpretiert. Eine andere Erzählung berichtet, dass auf dem Berg in einem Eichenwäldchen ein Femegericht bestanden haben soll, das einen Schneider namens *Fidel* zum Tod am Galgen verurteilte.[11] Nichts Genaues weiß man nicht...

ANMERKUNGEN

[1] Vgl. dazu das Kapitel „Münster – Stadt der vielen Dörfer" in diesem Band.

[2] Vgl. dazu das Kapitel „Mühlen und Ortsnamen" in diesem Band.

[3] https://www.muenster.de/stadtteile_gelmer_info.html (14.04.2020); Werner Dobelmann, Handorf gestern und heute. Geschichte einer dörflichen Siedlung, Münster 1974, S. 76 u. 102.

[4] WOB 3, S. 171 f.

[5] Leopold Schütte, Wörter und Sachen aus Westfalen 800 bis 1800, 2. überarb. u. erweiterte Aufl., Duisburg 2014, S. 159 f.

[6] WOB 3, S. 172.

[7] https://www.muenster.de/gelmer_text.html (25.04.2020).

[8] https://www.muenster.de/stadtteile_gelmer_info.html (14.04.2020).

[9] https://www.muenster.de/stadtteile_bergfidel_info.html (25.04.2020).

[10] https://www.stadt-muenster.de/ms/strassennamen/am_berg_fidel.html (25.04.2020).

[11] https://www.muenster.de/stadtteile_bergfidel_info.html (25.04.2020).

Ein erkaltetes Herdfeuer (hier im „Mühlenhof") könnte
den Namen „Wostehus" motiviert haben.

Foto: Christof Spannhoff (2014)

ORIENTIERTE ORTSNAMEN

Ortsnamen dienen der Orientierung. Als sprachliches Zeichen haben sie die Funktion, einen Ort sprachlich zu identifizieren. Ortsnamen helfen dem Menschen dabei, sich eine gedankliche Vorstellung seines Umfeldes zu machen. Namengebung setzt deshalb ein kommunikatives Interesse voraus. Der Mensch hat das Bedürfnis, einen Ort sprachlich zu markieren, ihn zu benennen, um ihn später wiederzuerkennen. Er verleiht ihm dadurch Identität und macht ihn für sich und für andere identifizierbar.[1] Besonders deutlich wird diese Funktion des Sich-zurecht-Findens an den sogenannten orientierten Ortsnamen, also Namen, die eine Bezeichnung für die Himmelsrichtung enthalten: Ost, West, Nord oder Süd. Diese Richtungsangaben in Ortsnamen stehen entweder in einem Verhältnis zu einem Zentrum, etwa einen Kirchort, oder aber sie beziehen sich wechselseitig aufeinander – wie Ost- und Westbevern in der Nähe von Münster.[2] Den Bezug auf ein übergeordnetes Zentrum trifft man im Ortsnamen Westkirchen bei Ennigerloh an, der erstmals zwischen 1284 und 1303 als Kirchspiel „Westeren

Ostenvelde" erscheint. Die frühere Abhängigkeit zur älteren Kirche im benachbarten Ostenfelde ist hier noch klar erkennbar, weshalb der Ort als ‚westliches Ostenfelde' benannt wird. Erst ab 1390 tritt dann die eigenständige Form „Westkerken" (zu mittelniederdeutsch *kerke* ‚Kirche') für den jüngeren Kirchenstandort auf.[3] Man sieht daran, dass sich Abhängigkeitsverhältnisse wandeln und sich diese Veränderungen dann in den Ortsnamen spiegeln können. Das *West-* in Westkirchen bezieht sich somit eindeutig auf Ostenfelde, selbst wenn man das heute nicht mehr ohne weiteres erkennt, weil die Grundwörter – anders als bei Ost- und Westbevern – mit *-felde* und *-kirchen* verschieden sind. Das zeigt aber deutlich, dass bestimmte Beziehungen nicht nur bei orientierten Ortsnamen mit dem gleichen Zweitglied vorliegen müssen, sondern auch vorherrschen können, wo man sie zunächst einmal nicht unbedingt vermutet.[4]

SÜD

Selbst im heutigen Stadtgebiet von Münster gab und gibt es orientierte Ortsnamen: So findet sich in Amelsbüren ein Sudhoff, der 1252 als „curtis Suthof", also als Fronhof/Schultenhof Suthof, erscheint. Ende des 14. Jahrhunderts wird der zugehörige Schulte als „villicus Suthof in Amelincburen [Amelsbüren]" genannt. Dieser Hof gab später der ganzen Bauerschaft ihren Namen.[5] Neben diesem Sudhoff wurde aber noch ein zweiter Ortsnamen ebenfalls mit der Himmelsrichtung Süd gebildet: Suttarp, im 14. Jahrhundert als „Suttorpe" erwähnt.[6]

WEST

Auch der Westen kommt in münsterischen Ortsnamen vor bzw. besser gesagt er kam vor. Denn der so genannte Bereich ist heute von einem Golfplatz in der Bauerschaft Wilbrenning im Südwesten von Münster überbaut: Westrup, das erstmals im 14. Jahrhundert als „Westendorpe" erwähnt wird.[7]

KEINE ORIENTIERUNG

Nicht mit dieser Himmelsrichtung gebildet und damit nicht zu den orientierten Ortsnamen gehörig ist allerdings der Ortsname, der für den heutigen Westhuesweg in Hiltrup Pate stand. Dieser geht auf den nicht mehr existenten Ortsnamen Westhues zurück. Doch ist hier nicht das Wort West- enthalten, wie man aufgrund der heutigen Form annehmen könnte, sondern mittelniederdeutsch *wöst(e)* ‚wüst, öde, verlassen, unbebaut', wie noch die Erstnennung 1349 mit „Wostehus" zeigt. Es handelte sich somit ursprünglich um ein Haus (niederdeutsch *hûs*), das zumindest eine Zeitlang unbewohnt war.[8] Damit stellt sich der Name zu den zahlreichen Kalthöfen (Koldhoff, Koldenhoff und ähnlich) im Münsterland, für die der hiesige Historiker Leopold Schütte ermittelt hat, dass sich das Erstglied kalt (niederdeutsch *kold*) auf das ausgelöschte Herdfeuer bezogen hat. Das Auslöschen und Wiederentzünden des Herdfeuers war rechtliches Sinnbild für die Übernahme eines Besitztums.[9] Erst später (1498) wurde der Name, vermutlich weil man sich an das ursprüngliche Benennungsmotiv nicht mehr erinnerte, zu Westhues.[10]

MIDDEN-

Ebenfalls nicht mit Begriffen für die Himmelsrichtungen gebildet, aber trotzdem orientiert, sind die Namen der vier auf heutigem münsterischem Stadtgebiet liegenden Höfe Middendrup bzw. Middrup, die in Hiltrup, Roxel, Handorf-Dorbaum und Wollbeck lagen bzw. immer noch liegen. Alle diese Namen gehen auf die gleiche mittelalterliche Form Middendorp zurück und benennen eine in der Mitte gelegene Siedlung oder einen solchen Einzelhof. So befand sich der nicht mehr bestehende Hof Middrup in Handorf-Dorbaum genau zwischen den unmittelbar benachbarten Höfen Große und Lütke Lengerich, wodurch sich sein Name als ‚mittlerer Hof' unschwer erkennen lässt.[11] Haben Sie bei all' der Orientierung noch den Überblick behalten?

ANMERKUNGEN

[1] Wolfgang Haubrichs, Verortung in Namen. Deskriptive Namengebung, Königsgut und das Interessenspektrum des agrarischen Menschen des frühen Mittelalters, in: Tätigkeitsfelder und Erfahrungshorizonte des ländlichen Menschen in der frühmittelalterlichen Grundherrschaft (bis ca. 1000). Festschrift für Dieter Hägermann zum 65. Geburtstag, hrsg. v. Brigitte Kasten, München 2006, S. 1–36.
[2] Christof Spannhoff, Orientierungswechsel durch Funktionswandel. Überlegungen zur Entstehung von orientierten Ortsnamen am Beispiel Westladbergen, in: Nordmünsterland. Forschungen und Funde 5 (2018), S. 296–301.
[3] WOB 3, S. 429 f.
[4] Vgl. dazu auch: Paul Derks, Der Ortsname Essen. Nachtrag zu „Die Siedlungsnamen der Stadt Essen", in: Beiträge zur Geschichte von Stadt und Stift Essen 103 (1989/90), S. 27–51.
[5] WOB 3, S. 371.
[6] Ebd., S. 374.
[7] Ebd., S. 431.
[8] Ebd., S. 428.
[9] Leopold Schütte, Potthoff und Kalthoff. Namen als Spiegel mittelalterlicher Besitz- und Wirtschaftsformen in Westfalen, in: Niederdeutsches Wort 30 (1990), S. 109–151. Wiederabdruck in: Leopold Schütte, Schulte, Weichbild, Bauerschaft. Ausgewählte Schriften zu seinem 70. Geburtstag, hrsg. v. Claudia Maria Korsmeier, Bielefeld 2010, S. 111–159.
Zum Herdfeuer als Rechtssymbol: Adolph von Düring, Geschichte des Stifts Börstel, in: Mittheilungen des Vereins für Geschichte und Landeskunde von Osnabrück 18 (1893), S. 161–256, hier S. 225; Herbert Freudenthal, Das Feuer im deutschen Glauben und Brauch, Berlin u. Leipzig 1931; Wolf-

gang Niehoff, Herdfeuer in Sitte und Brauchtum, in: Beiträge zur Volkskunde des Tecklenburger Landes. Sitte und Brauchtum unter besonderer Berücksichtigung des Schützenbrauchtums, hrsg. v. Friedrich Ernst Hunsche u. Friedrich Schmedt, Ibbenbüren 1974, S. 166–168; Christof Spannhoff, Das Herdfeuer als vormodernes Rechtssymbol, in: Spurensuche. Familienforschung im Tecklenburger Land, Heft 1 (2013): Leeden. Bauern- und Soldatenleben, S. 9–11; Sebastian Schröder, Hüte, Handschläge, Herdfeuer. Frühneuzeitliche Rituale der Besitzübertragung im östlichen Westfalen, in: Westfälische Zeitschrift 169 (2019), S. 257–293.

[10] WOB 3, S. 428.

[11] Ebd., S. 273–277 u. 280–282.

WÜSTE ORTSNAMEN

Kennen Sie Wersedrup oder Volkingdorp? Nein? Das ist auch nicht verwunderlich, denn diese münsterischen Ortsnamen existieren heute nicht mehr. Aber es gab sie einst. Doch warum sind sie eigentlich im Lauf der Zeit verschwunden? Oftmals hängt das Verschwinden von Ortsnamen mit einem historischen Prozess zusammen, der in den Geschichts- und Altertumswissenschaften als „Wüstung" bezeichnet wird. Allerdings ist das mit den Wüstungen nicht so einfach, denn es ergeben sich zunächst einmal ganz grundsätzliche Definitionsprobleme hinsichtlich dieses Begriffs: Unter einer Wüstung versteht man allgemein einen aufgegebenen Siedlungsplatz. Solche Orte, die aus verschiedenen Gründen aufgelassen und später nicht wieder besiedelt wurden, nennt man „Ortswüstungen". Bricht die menschliche Siedlung an einer Stelle hingegen nur für einen gewissen Zeitraum ab, spricht man von „temporären Wüstungen". Aufgegebene agrarische Nutzflächen werden hingegen als „Flurwüstungen" bezeichnet.[1]

WÜSTUNGSURSACHEN

Orts- und Flurwüstungen sind in Westfalen besonders in den Krisenjahren des 14. Jahrhunderts entstanden, als eine markante Verschlechterung des Klimas einsetzte: Festzustellen ist eine Zunahme der Winterkälte verbunden mit einem Wechsel von sehr feuchten und trockenen Sommern. Die Folgen daraus waren schlechte Ernteergebnisse und Hungersnöte mit einem starken Anstieg der Todesfälle bei gleichzeitigem Rückgang der Geburtenzahl. Hinzu kamen dann noch die Pestzeit in der Mitte des 14. Jahrhunderts und kriegerische Auseinandersetzungen (Fehden). Insgesamt soll durch diese ungünstige Konstellation ein Bevölkerungsschwund von gut 30 Prozent eingetreten sein. Dadurch, dass sich nun wegen des generellen Populationsrückgangs in siedlungsgünstigeren Arealen neue Siedlungschancen boten, gaben die Bewohner ihre naturräumlich ungünstiger gelegenen alten Siedlungen auf und zogen in die diesbezüglichen Gunst-Gebiete. Deshalb wurden ganze Orte in geographischen Ungunst-Gegenden aufgegeben. Zudem fielen wegen des landschaftlich unterschiedlich ausgeprägten Fehdewesens ungeschützte Orte im Einzugsgebiet größerer Städte in einem Ballungsprozess oftmals ebenfalls wüst, weil die Bewohner in die jeweilige, besser geschützte Stadt zogen. In Westfalen sind derartige Entsiedlungserscheinungen vor allem in einer bandartigen Zone verbreitet, die sich vom Siegerland bis in den Raum Minden erstreckt. Die durch den Wüstungsprozess angestoßene Siedlungskonzentration führte zu Großweilern und Großdörfern, die bis heute das Siedlungsbild dieser Regionen prägen.[2]

WÜSTUNGEN IM MÜNSTERLAND?

Das Streusiedlungsgebiet des Münsterlandes hingegen gilt wegen seiner Siedlungsstruktur nicht als Kernraum von Wüstungsbildungen. Und doch gab es hier partielle Wüstungsprozesse. So lassen sich einige Hofwüstungen belegen, die der Archäologe Rudolf Bergmann im südwestlichen Münsterland untersucht hat. Da diese aufgrund ihrer geringen Ausdehnung allerdings nur schwer zu erkennen und nachzuweisen sind, ist vermutlich eine wesentlich höhere Zahl anzusetzen, als bisher bekannt ist.[3] Der münsterische Landeshistoriker Peter Ilisch hat zeigen können, dass sich alte, aufgegebene Hofstellen häufig durch den späteren Flurnamen *Woort* (Wort, Worth, Woohrt u. ä.) zu erkennen geben, mit dem das vormalige Hofareal benannt wurde. Diese Flurbezeichnung ist also eine wichtige Spur zur Auffindung von Klein-Wüstungen.[4]

Angenommen worden ist auch, dass das Verschwinden von münsterländischen Ortsnamen mit Wüstungsvorgängen in Zusammenhang steht. Das ist sicherlich in einigen Fällen richtig. Allerdings muss der Verlust eines Ortsnamens im Münsterland nicht immer mit der Auflassung einer Gruppen-Siedlung oder eines Einzelhofes einhergehen. Vielmehr können Ortsnamen, die zuvor eine kleinere oder größere Siedlungsgruppe benannt haben, auch einfach ihren Geltungsbereich verringert haben, also etwa zu einem Hofnamen „abgesunken" oder gänzlich verloren gegangen sein, ohne dass die Siedlung bzw. der Hof verschwunden sind. Vor allem im Zuge der hochmittelalterlichen Entfaltung der Organisationform der Bauerschaften im Münster-

land gingen viele alte Ortsnamen unter, die an Kleinsied-
lungen hingen. Aber auch noch wesentlich später kommen
solche Prozesse vor.[5]

WERSEDRUP

Das zeigt sich etwa beim Ortsnamen *Wersedrup*. Erstmals
erscheint der Name 1022/23 als „Wersothorp". Der so benannte Ort gehörte zum Kirchspiel Handorf. Nach dem um
1100 entstandenen Freckenhorster Heberegister entrichte-
ten ein Bauer namens *Tizo*, der aus „Wersetharpa" stammte, und die Hörigen *Rotholf* und *Williko* aus „Wersitharpa"
Abgaben an das Kloster. *Wersedrup*, die ‚Siedlung an der
Werse' (zu altniederdeutsch *thorp*, mittelniederdeutsch
dorp, *drup* ‚Siedlung, Dorf'), bestand also aus mindestens
drei Hofstellen.[6] Der Name ist dann aber auf nur einen Hof
übergegangen (heute Landhaus Eggert, Zur Haskenau 81),
während die anderen beiden zur Siedlung gehörigen Stät-
ten später Gerdemann und Diening hießen. Letzter erscheint 1648 noch als „Dinning sonst lütke Wersedorp".[7]
Dass der Name Wersedrup heute nicht mehr existiert, ist
also nicht dem Verschwinden der Siedlung geschuldet, sondern einem in moderner Zeit erfolgten Besitzer- und damit
Namenwechsel des Hofes. Es handelt sich hier also eindeutig um eine sehr späte, erst im 19. Jahrhundert erfolgte
„Namenwüstung". Der alte Name ist verloren gegangen,
aber die Siedlung besteht – unter anderem Namen (Eggert)
– fort.[8]

AVENDRUP

Ähnlich verhält es sich mit dem Handorfer Orts- und späteren Hofnamen Avendrup. Der Hof trägt heute den Namen Vornholt (Avendruper Str. 37). Erstmals erwähnt wird der Ort 1022/23 als „Aldonthorp". Um 1100 werden unter „Aldontharpa" *Hizel* und *Aliko* als Abgabenpflichtige des Klosters Freckenhorst genannt. Die „alte Siedlung" bestand also aus mindestens zwei Hofstellen (die andere könnte der heutige Hof Herweg, Hoove 9, gewesen sein, der unter diesem Namen mindestens seit 1498 erscheint). Erst im 16./17. Jahrhundert wechselte der jetzige Hofname von „Oldorp" (1507) zu „Oendrup" (1623) bzw. „Auendrup" (1780).[9]

VENTRUP UND VOLKINGDORP

Bereits im 18. Jahrhundert ist der Ortsname Ventrup südlich der A 43 verschwunden, der heute noch in einem amtlichen Straßennamen weiterlebt. Ventrup geht dabei nicht etwa auf das niederdeutsche Wort *ven(n)* in der Bedeutung ‚Sumpf, Moor, Sumpfland' zurück, sondern – wie der Erstbeleg von 1209 „Verdincthorpe" zeigt – bedeutet der Name ‚Siedlung (*thorp*) der Verdinge', also der ‚Leute einer Person namens **Verdo/*Verda*' (das * zeigt an, dass der Name nicht belegt ist, sondern erschlossen wurde).[10] Eine ähnliche Bildung liegt im Ortsnamen Volkingdorp vor, der bereits Mitte des 16. Jahrhunderts verschwand und vom heutigen Bauerschaftsnamen Altenroxel verdrängt bzw. überlagert wurde. Volkingdorp meinte zum Zeitpunkt der Entstehung des Namens (um 1336 „mansus Volkynctorpe") die ‚Siedlung der Volkinge', also der ,Leute eines *Folcher(i)/Volker*'.[11] Auch hier fiel nicht die Siedlung, sondern nur der Name „wüst". Eine „temporäre Namenwüstung" stellt der Name Delstrup dar, der heute wieder für ein Neubaugebiet bei Gremmendorf genutzt wird, im 20. Jahrhundert aber zwischenzeitlich verschwunden war. Die amtliche Straßenbezeichnung Delstrup gibt es seit 1994.[12] Bei diesem Namen, der 1185 als „in Delesthorpe" erscheint, handelte es sich um die ,Siedlung einer Person namens **Dêl(i)/*Dêla*'.[13]

HOLSEN

Im Bereich des heutigen Neubaugebietes Hiltrup-Ost erinnert der Holsenkampweg an die vergangene Siedlung Holsen um den ehemaligen Schultenhof Holsen, der erstmals 1212 als „Holthusen" erwähnt wird. Benannt wurde anfänglich also eine ,Wald-Siedlung' (zu mittelniederdeutsch *holt* ,Holz, Gehölz, Wald' und *hûsen* ,bei den Häusern', Dativ Plural zu *hûs* ,Haus').[14] Unter der Platzanlage des Golfclubs Münster-Tinnen e.V. (Am Kattwinkel 244) lag einst der Ort Westrup, der sich ausweislich seines ersten Namenbelegs (14. Jahrhundert „Westendorpe") als ,westlich gelegene Siedlung' zu erkennen gibt (zu mittelniederdeutsch *westen* ,westlich gelegen').[15] Hier haben wir also eine wirkliche Ortswüstung mit gleichzeitiger Namenwüstung vor uns.

DARFELD

Der Bereich um Haus Kleve am Wersebach hieß anfänglich Darfeld. Er wird bereits im 9./10. Jahrhundert als „in

Dorfeldon" genannt. Es dürfte sich hier weniger um das ‚Tor-Feld' (zu niederdeutsch *dôr* ‚Tor')[16] als um das ‚trockene Feld' (zu mittelniederdeutsch *dorre* ‚trocken, dürr') gehandelt haben, das den Ortsnamen ursprünglich motivierte.[17]

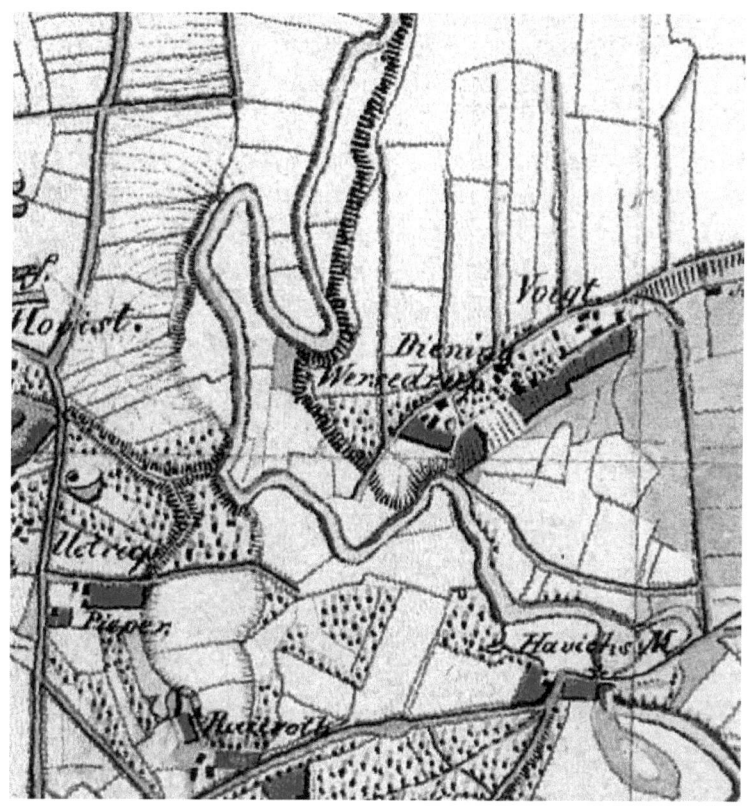

Die Lage der Siedlung Wersedrup nördlich von Handorf lässt sich durch den Hofnamen Wersedrup auf der Preußischen Uraufnahme von 1842, Blatt 3912, verorten. Quelle: https://www.tim-online.nrw.de/tim-online2

ANMERKUNGEN

[1] Rudolf Bergmann, Wüstungsforschung: Die ländliche Besiedlung im Mittelalter, in: Der Kreis Soest, Stuttgart 2001 (Führer zu archäologischen Denkmälern in Deutschland 39), S 113–123.

[2] Rudolf Bergmann, Ortswüstungen in Westfalen, in: Westfalen regional, hrsg. v. Heinz Heineberg, Bd. 2, Münster 2010, S. 80 f.

[3] Rudolf Bergmann, Hofwüstungen und Eschsiedlungen im südwestlichen Münsterland, in: Siedlungsforschung. Archäologie – Geschichte – Geographie 24 (2006), S. 195–217; Ders., Hofwüstungen im Münsterland, in: Westfalen regional, hrsg. v. Heinz Heineberg, Bd. 2, Münster 2010, S. 82 f.

[4] Peter Ilisch, Historische Untersuchungen zur Siedlungsgeschichte in den Baumbergen und im südlichen Münsterland bis zum 16. Jahrhundert, in: Westfälische Forschungen 41 (1991), S. 316–328; Ders., Zur Erkundung der westmünsterländischen Siedlungsgeschichte: praktisch-methodische Ansätze, in: Streifzüge durch die Siedlungs-, Wirtschafts- und Sozialgeschichte des Westmünsterlandes, hrsg. v. Ingeborg Höting u.a., Vreden 2013, S. 35–54.

[5] Albert Karl Hömberg, Ortsnamenkunde und Siedlungsgeschichte. Beobachtungen und Betrachtungen eines Historikers zur Problematik der Ortsnamenkunde, in: Westfälische Forschungen 8 (1955), S. 24–64.

[6] WOB 3, S. 423 f. Zum Gewässernamen Werse und von ihm abgeleitete Ortsnamen: Christof Spannhoff, Werisun – Wersene – Wersen. Der Ortsname Wersen (Gemeinde Lotte, Kreis Steinfurt), in: Nordmünsterland. Forschungen und Funde 4 (2017), S. 257–264.

[7] Werner Dobelmann, Handorf gestern und heute. Geschichte einer dörflichen Siedlung, Münster 1974, S. 7 f. u. 11.

[8] Ebd., S. 11

[9] Ebd., S. 7 f. WOB 3, S. 44 f.

[10] WOB 3, S. 398 f.

[11] Ebd., S. 405.

[12] https://www.stadt-muenster.de/ms/strassennamen/delstrup.html (30.05.2020).

[13] WOB 3, S. 100 f.

[14] Ebd., S. 212 f.

[15] Ebd., S. 431.

[16] Ebd., S. 96 f.

[17] Karl Schiller u. August Lübben, Mittelniederdeutsches Wörterbuch, 6 Bde., Bremen 1875–1881, Bd. I, S. 553.

Die Höfe Große und Lütke Tweehues im Bereich
des heutigen Weges Tweehues auf der
Preußischen Uraufnahme von 1841, Blatt 4011.
Foto: www.tim-online.nrw.de/tim-online2

ZAHLEN IN ORTSNAMEN

„Spieglein, Spieglein an der Wand, wer ist die Schönste im ganze Land", fragt die böse Stiefmutter im Grimmschen Märchen vom Schneewittchen. Und der Zauberspiegel antwortet ihr: „Frau Königin, Ihr seid die Schönste hier, aber Schneewittchen hinter den sieben Bergen, bei den sieben Zwergen ist noch tausendmal schöner als Ihr!"

Trotz diesem fabelhaften Einstieg sollen auch in diesem Beitrag zu den münsterischen Ortsnamen keine Märchen erzählt werden. Vielmehr stehen die genannten sieben Berge im Mittelpunkt des Interesses. Denn während es in Wirklichkeit weder sprechende, allwissende Zauberspiegel noch die berühmten sieben Zwerge gibt, existieren Zahlen in Orts- und Flurnamen durchaus. Allseits bekannt sind das rechtsrheinische Siebengebirge oder die rumänische Landschaft Siebenbürgen, die beide die Sieben enthalten.[1]

TWENHÖVEN

Doch auch auf dem Gebiet der heutigen Stadt Münster finden wir Ortsnamen, die mit einem Zahlwort gebildet sind – und zwar mit der *Zwei*, niederdeutsch *Twê(i)*. Dieses Numerale steckt zum einem in dem Hofnamen Lütke Twenhöven sowie dem benachbarten Schulze Twenhöven (heute Buddenbäumer). Beide Anwesen liegen im Südosten von Angelmodde, zwei Kilometer südwestlich von Wolbeck, unmittelbar westlich der Werse an der Hiltruper Straße. Bei dem Hof Lütke Twenhöven könnte es sich um einen späteren Abzweig des Schultenhofes handeln, der erstmals im Jahr 1367 als „curia Twenhoven" Erwähnung findet.[2] Von diesen beiden Höfen hat auch der etwas weiter nördlich verlaufende Twenhövenweg seinen Namen erhalten – nicht etwa, wie man vielleicht meinen könnte, vom früheren münsterischen Oberbürgermeister und späteren Regierungspräsidenten Dr. Jörg Twenhöven. Denn der Weg trug diesen Namen schon vor der Amtsübernahme des Stadtvaters im Jahr 1984.[3] Es handelt sich bei dem Namen Twenhöven um eine Zusammenrückung aus der Wendung (Syntagma) *to/bî den twên Höven*, also: ‚zu/bei den zweien Höfen'. Das zeigt sich noch am Beleg um 1378 „curtis ton [< to den] Twenhouen" (lies: u = v). Möglicherweise war also der Lütke (= Kleine) Twenhöven bereits vorhanden, als der Name geprägt wurde (also vor 1367).[4] Der Hof kann aber auch aus zwei Gebäuden bestanden haben, die den Namen motivierten. Der zweite Bau dürfte dann allerdings kein einfaches Nebengebäude gewesen sein, denn das Gehöft wurde durch seinen Namen von anderen Bauernstätten mit weiteren Scheunen und Speichern unterschieden.

TWEEHUES

Auf zwei in unmittelbarer Nähe gelegene Häuser bzw. Hofstätten gehen zudem die Hofnamen Tweehues in der Bauerschaft Niederort, etwa zwei Kilometer südlich von Albachten, zurück, nach denen auch ein Weg als „Tweehues" benannt ist. 1324 erscheint „Willekenes hus to den Twenhusen", 1412 „Twehus Johan" sowie der andere oder zweite „Twehus", der mit dem lateinischen Wort *alter* ‚der andere, der zweite' gekennzeichnet wurde. 1545 erscheinen beide dann als „Grote Twehus" und „Lucke Twehus" (Lucke hier vermutlich verschrieben für Lütke, wie der Hof später heißt).[5] Auf der Internetpräsenz des Vermessungs- und Katasteramtes der Stadt Münster heißt es in der Rubrik „Straßennamen in Münster" zum Namen: „Tweehues ist ein in dieser Gegend überlieferter Flurname. [...] Auf welche beiden Häuser sich der Flurname bezieht, ist bisher nicht bekannt."[6] Allerdings ist des Rätsels Lösung recht einfach, denn die beiden Höfe sind noch mit ihren Namen in der Preußischen Uraufnahme von 1841 eingetragen. Es handelt sich bis heute um die beiden einzigen dort anzutreffenden Hofstellen: Tweehues 16 und Tweehues 17.[7] Weitere Anwesen namens Twe(e)hus gab es im Münsterland in Altenberge-Hansell, Dülmen-Welte, Stadtlohn-Estern und Warendorf-Velsen. Zumeist waren es immer zwei Hofstellen, oft mit dem Zusatz Große und Lütke. Ein weiterer Schultenhof Twe(e)nhöven ist in Werne-Holthusen zu finden.[8]

WEITERE ZAHLEN IN ORTSNAMEN

Dass es bei der Benennung dieser Hofstellen ursprünglich wirklich um die Anzahl der Gebäude ging, beweisen die ebenfalls in Westfalen anzutreffenden Hofnamen Enenhus oder Einhaus, die in den mittelalterlichen Quellen vielfach auch lateinisch als „sola domus" (*solus, sola, solum* ‚allein, einzig' – *domus* ‚Haus') übersetzt werden. Ein später verhochdeutschtes Einhaus gab es bei Wallenbrück (Kreis Herford), ein Enenhus – mit gebeugter Form *enen* ‚einen' – unmittelbar vor der Stadt Herford und ein weiteres Enenhus bei Paderborn. Letzteres war der Name eines Haupthofes des Paderborner Bischofs, muss also eine größere Anlage gewesen sein.[9]

Auch höhere Grundzahlen kommen in Ortsnamen vor: Drienhusen bei Buldern („Thrunhuson", Mitte 12. Jahrhundert) zu altniederdeutsch *thria, threa*, mittelniederdeutsch *dri, dre* ‚drei', ein Vierhus bei Marl (14. Jahrhundert) zu mittelniederdeutsch *vier, vêr* ‚vier', ein Hof Viefhaus nördlich von Essen (1154 „Vifhusen") zu mittelniederdeutsch *fîf, five* ‚fünf' usw.[10]

AUSNAHMEN

Obwohl alle guten Dinge bekanntlich drei sind, gehören aber die Ortsnamen Drever bei Marl oder bei Rüthen und auch Bad Driburg bei Paderborn nicht zu dem entsprechenden Zahlwort drei. Bei Drever (Marl) nahm man diese Verbindung aufgrund des Erstbelegs um 1050 „Tribure" an, das man als ‚drei Hofstellen' übersetzte und an mittelniederdeutsch *bûr* ‚Hof, Höfegruppe, Bauerschaft' anschloss. Die späteren Belege „Threvere" (Mitte 12. Jahrhundert) und „Drivere" (Mitte 13. Jahrhundert) zeigen aber, dass das nicht sein kann, weil das *b* von *bûr* im Niederdeutschen niemals zum Reibelaut *v* bzw. *w* wird. Auch kann ein langes *û* wie in *bûr* nicht schon so früh zum tonlosen Murmel-Vokal *e* abgeschwächt worden sein. Der Ortsname Drever ist vielmehr zum mittelniederdeutschen Wortfeld *drîven*, *drêf*, *dreven*, *gedreven* ‚treiben', *drif* ‚Trieb, Trieb-Kraft, Strömung', zerdehnt *dreve* ‚Trieb, das Treiben', *drift* ‚Trift, das Treiben' zu stellen. Hier ist also entweder ein ‚Ort der Viehtrift' oder eine ‚Stelle mit Strömung' anzusetzen.[11] In Bad Driburg bei Paderborn steckt ebenfalls nicht die Zahl drei. Der Name geht nachweislich auf eine Verkürzung der Wendung *to der Iburg* zurück[12], so wie auch Marsberg aus *to dem Eresberge* entstanden ist.[13] Das nennt der Sprach-wissenschaftler Agglutination – von lateinisch *agglutinare* ‚anleimen, anheften' – und meint damit wörtlich das falsche Anheften eines Lautes oder einer kurzen Lautkette an ein Wort. Eins und zwei macht halt nicht immer drei...

ANMERKUNGEN

[1] Adolf Bach, Deutsche Namenkunde, 4 Halbbde., Heidelberg 1952–1956, Bd. 2,1 § 160.
[2] Mit den Nachweisen WOB 3, S. 385 f.
[3] https://www.stadt-muenster.de/ms/strassennamen/twenhoevenweg.html (29.05.2020).
[4] WOB 3, S. 385 f.
[5] Ebd., S. 384 f.
[6] https://www.stadt-muenster.de/ms/strassennamen/tweehues.html (29.05.2020).
[7] Die Preußische Uraufnahme ist abrufbar unter www.tim-online.nrw.de/tim-online2 (29.05.2020).
[8] Bernhard Feldmann, Die Höfe des Münsterlandes und ihre grundherrlichen Verhältnisse, Münster 1995, S. 382, 128, 67, 281 u. 366 (nach der Reihenfolge der Nennung im Text).
[9] Birgit Meineke, Die Ortsnamen des Kreises Herford, Bielefeld 2011 (Westfälisches Ortsnamenbuch 4), S. 89 f. u. 93; Dies., Die Ortsnamen des Kreises Paderborn, Bielefeld 2018 (Westfälisches Ortsnamenbuch 11), S. 170–172.
[10] Paul Derks, Die Siedlungsnamen der Stadt Lüdenscheid. Sprachliche und geschichtliche Untersuchungen, Lüdenscheid 2004, S. 136–138.
[11] Michael Flöer u. Claudia Maria Korsmeier, Die Ortsnamen des Kreises Soest, Bielefeld 2009 (Westfälisches Ortsnamenbuch 1), S. 124–127.
[12] Birgit Meineke, Artikel Driburg, Bad, in: in: Deutsches Ortsnamenbuch, hrsg. v. Manfred Niemeyer, Berlin/Boston 2012, S. 138.
[13] Michael Flöer, Die Ortsnamen des Hochsauerlandkreises, Bielefeld 2013 (Westfälisches Ortsnamenbuch 6), S. 326–331.

VON CAMPING, KÄMPFEN UND EINGEFRIEDETEN FELDERN

Hat der münsterische Ortsname Kemper etwas mit *Camping* zu tun? Dieser Vergleich lädt ein, weil Kemper fast gleichlautend mit dem aus dem Englischen stammenden Begriff *Camper* ist. Viele Leser haben sicherlich schon einmal ihren Sommerurlaub als Camper beim Camping verbracht. Wäre also Kemper aufgrund seines Namens der geeignete Ort für einen Zeltplatz gewesen?

ORTSNAME KEMPER

Die alte Bauerschaft Kemper befand sich im Bereich des heutigen Erpho-Viertels im Stadtteil Rumphorst. Sie erhielt ihren Namen von einem ebenfalls dort gelegenen Hof, der von der lokalen Geschichtsforschung zwischen Mecklenburger Straße und Hoppengarten verortet wird. Dieses Anwesen erscheint erstmals 1272 als *Campwordesbecke*.

Aus einer weiteren Urkunde des Jahres 1280 geht hervor, dass es sich um eine *curia*, also kein normales bäuerliches Gehöft, sondern einen Herrenhof gehandelt hat.[1] Diesen Hof besaß damals der Ritter Sweder von Münster, der ihn vom Propst des Stiftes St. Mauritz zu Lehen trug. Am 25. April 1272 klagten dann allerdings Dechant und Kapitel von St. Mauritz, der Lehnsmann verweigere mit Waffengewalt die Anerkennung ihrer Rechte. Sie hätten deshalb beim münsterischen Bischof darauf gedrungen, den Hof künftig von Dechant und Kapitel abhängig zu machen. Unter dieser Bedingung seien sie bereit, die Witwe und Erben des Ritters mit dem Hof erneut zu belehnen. Allerdings lehnte die Besitzerfamilie dieses Angebot ab. Letztlich wurde der Streit dadurch beigelegt, dass Albert, Sohn des verstorbenen Ritters, seine Frau und Mutter sowie sämtliche Geschwister am 30. Oktober 1280 alle Rechte an dem Herrenhof *Campwordesbeke* mit Zubehör für 115 Mark dem Dechanten und Kapitel zu St. Mauritz verkauften. Später wurde die gesamte Grundherrschaft des Hofes Campwordesbe(c)ke mit den untergeordneten Bauernstellen Twacht, Wort, Marbeke (oder Marcke) und Kleihove wüst gelegt. Die Anwesen verschwanden noch vor der Mitte des 14. Jahrhunderts vollständig. Ihr Grund und Boden wurde fast ausschließlich als Weideland zur Pacht vergeben.[2]

GEWÄSSERNAME

Interessant ist die Entstehung und Entwicklung des Namens der *curia*, denn sie ist nicht alltäglich: Der Herrenhof wurde nach einem Gewässer benannt, an dem er lag. Denn der Bestanteil *-beke* bedeutet im Niederdeutschen nichts anderes als ‚Bach‘. Es handelte sich um ein heute versiegtes Fließgewässer, das bei der Enkingmühle vor dem Hörster Tor in die Aa mündete. Dieser Bach aber wiederum hatte seinen Namen von einer Hofstelle erhalten, die *Campword geheißen haben muss (mit * werden nicht belegte, sondern erschlossene Formen gekennzeichnet). Campwordesbe(c)ke ist also der ‚Bach bei der *Campword‘. Dieser Name gliedert sich wiederum in die Bestandteile Camp- und -word.[3]

WORD UND KAMP

Eine *Word* (altniederdeutsch *wurth*, mittelniederdeutsch *wort*) war eine ‚Hofstätte‘ oder ein ‚Hausplatz‘.[4] Und diese Stätte lag bei einem *Kamp*. Darunter verstand man eine Acker- (*Haverkamp* ‚Haferkamp‘), Wiesenfläche (*Kalverkamp* ‚Kälberkamp‘, *Heukamp*) oder Holzung (*Holtkamp* ‚Holzkamp‘), die mit einem Zaun oder einer Hecke eingefriedet war. Dieser so urwestfälisch anmutende Begriff ist allerdings ein Lehnwort, das aus dem Lateinischen ins Niederdeutsche gelangt ist und vermutlich durch kulturelle Kontakte mit den romanisch-sprachigen Gebieten westlich des Rheins bereits vor dem 9. Jahrhundert nach Norddeutschland kam. Lateinisch *campus* meint nämlich das ‚Feld‘.[5] Allerdings sind von einigen Sprachwissenschaftlern und Namenforschern aktuell Zweifel an dieser langjährigen Erklärung angemeldet worden. Kamp sei demnach kein Lehnwort, sondern ein germanisches Erbwort. Anders lasse sich die weite Verbreitung im germanischen Sprachraum nicht erklären, so die neuere Ansicht.[6] Doch ist dem entgegen zu halten, dass auch andere Lehnwörter sehr produktiv waren. Hinzu kommt, dass die in lateinischer Sprache aufgezeichneten germanischen Volksrechte (*Leges barbaro-rum*), die auf die Zeit zwischen dem 5. und 9./10. Jahrhundert n. Chr. zurückgehen, das Wort *campus* immer nur zur Übersetzung germanischer Ausdrücke verwenden, nicht aber selbst als germanisches Wort kennen. Hätte es ein germanisches Erbwort *Kamp* o.ä. gegeben, wäre dieses im Hinblick auf die Beschreibung der agrarischen Verhältnisse der germanisch-sprachigen Regionen sicherlich auch verwendet worden, wie die Untersuchung der münsterischen Sprachwissenschaftlerin Ulrike Lade zu „Feld und Flur. Volkssprachliche Bezeichnungen in den frühmittelalterlichen Leges" (1986) gezeigt hat.[7] Dass es sich um ein lateinisches Lehnwort handelt, macht auch die Entwicklung des heutigen Wortes *Kampf* deutlich. Denn auch dieser Begriff geht auf lateinisch *campus* in der speziellen Bedeutung ‚Schlachtfeld, Kampfplatz, gehegter Ort des gerichtlichen Zweikampfes' zurück, wie die Analyse der münsterischen Sprachwissenschaftlerin Dagmar Hüpper-Dröge ergab.[8] Während die germanischen Wörter für den Kampf – etwa althochdeutsch **gu(n)dia, hadu-, hiltia, wîg* bzw. altniederdeutsch *guthia, *hathu-, hildi, wîg* – zudem in den Rufnamenschatz der germanischen Kriegergesellschaft eingegangen sind (z.B. *Gunhild, Hadubrand, Hildebrand, Wigbert*), findet sich *Kamp* bzw. *Kampf* in keinem germanischen Vornamen.[9] Auch das legt nahe, dass Kamp ein Lehnwort aus lateinisch *campus* und eben kein Erbwort gewesen ist. Die vor allem nordwestdeutsche Flurbezeichnung Kamp muss somit weiterhin auf lateinisch *campus* ‚Feld' zurückgeführt werden und meinte eine eingefriedete Fläche, die zu unterschiedlichen Nutzungen – als ‚Ackerfläche, Wiese, Holzung oder auch Kampfplatz' – gebraucht werden konnte.

*CAMPWORD

Ob es sich bei der zu erschließenden Hofstätte *Campword ursprünglich um den Herrenhof *Campwordesbe(c)ke* gehandelt hat, ist zwar durchaus möglich, aber nicht zwingend anzunehmen. Denn die namengebende *Campword könnte sich theoretisch im gesamten Bereich entlang der *Campwordesbe(c)ke* befunden haben. Im Lauf der Zeit verschliff sich dann der Name zu *Camperdesbeke* (1297), *Kampersbeke* (um 1378) und schließlich – unter Wegfall des Grundwortes -*beke* – zu *Kemper* (1841).[10] Diese heutige Form könnte allerdings auf die falsche Fährte führen. Denn auch wenn sie wegen des auslautenden -*er* als gleich gebildet erscheinen, so ist Kemper trotzdem nicht vergleichbar mit Häger bei Nienberge (erstmals um 1336 *Haghen*, zu altniederdeutsch *hag*[o] ‚Dornstrauch‘, mittelniederdeutsch *hâgen* ‚umfriedetes Gelände, Hecke, Gehölz‘). Dieser Bauerschaftsname ist vielmehr auf eine verkürzte Wendung *(to der)* Häger (Hagener) *burschap* (Bauerschaft) zurückzuführen.[11]

CAMPING IN KEMPER?

Doch zurück zur zugegeben nicht ganz ernst gemeinten Ausgangsfrage: Kemper und Camper sind zwar nicht identisch, aber haben – wie die Artikel gezeigt hat – einen gemeinsamen, allerdings weit in der Vergangenheit liegenden Ursprung. Auch das aus dem Englischen stammende Wortfeld um *campen*, *Camper* und *Camping* geht nämlich – vermittelt über das Italienische und Französische – letztlich auf lateinisch *campus* ‚Feld‘ zurück.

ANMERKUNGEN

[1] WOB 3, S. 227 f.

[2] Wilhelm Kohl, Das Kollegiatstift St. Mauritz vor Münster, Berlin u. New York 2007, S. 266–270.

[3] WOB 3, S. 227 f.

[4] Leopold Schütte, Wörter und Sachen aus Westfalen 800 bis 1800, 2. überarb. u. erweiterte Aufl., Duisburg 2014, S. 804–806.

[5] Gunter Müller, Westfälischer Flurnamenatlas, Lieferung 1, Bielefeld 2000, S. 63–65.

[6] Werner Guth, Sonderfälle bei germanischen *p-*, *t-*, *k*-Anlaut als Folge von *s*-mobile-Wirksamkeit, in: Namenkundliche Informationen 91/92 (2007), S. 15–39, hier S. 27–32; Birgit Meineke, Rez. zu Strotdrees, Gisbert: Am Anfang war die Woort. Flurnamen in Westfalen, in: Heimatpflege in Westfalen 30, Heft 4/5 (2017), S. 46 f.

[7] Ulrike Lade, Feld und Flur. Volkssprachliche Bezeichnungen in den frühmittelalterlichen Leges, Münster 1986.

[8] Dagmar Hüpper-Dröge, Der gerichtliche Zweikampf im Spiegel der Bezeichnungen für ‚Kampf', ‚Kämpfer', ‚Waffen', in: Frühmittelalterliche Studien 18 (1984), S. 607–661.

[9] Paul Derks, Die Siedlungsnamen der Stadt Sprockhövel. Sprachliche und geschichtliche Untersuchungen, Bochum 2010, S. 95–97.

[10] WOB 3, S. 227.

[11] Ebd., S. 180.

MÜHLEN UND ORTSNAMEN

Heutige Ortsnamen gehen nicht nur auf die natürliche Beschaffenheit der Landschaft zurück, sondern auch auf menschliche Bauwerke. Neben Kirchen oder Burgen sind hier auch die Mühlen zu nennen.

SUDMÜHLE

In Münster ist etwa der Name des zu Gelmer gehörenden Ortsteils Sudmühle durch eine solche technische Anlage motiviert worden. 1555 wird diese im Zuge der Umwandlung einer abgängigen Korn- zu einer Walkmühle der Wüllner- oder Wandmachergilde als „Suethmollen" erwähnt.[1] Ein „molner tor Sutmollen", also der Müller zur Sudmühle, namens Heinrich Wolkenowe, der ursprünglich aus Ascheberg stammte, ist 1590 nachweisbar.[2] 1619 erscheint im Bürgerbuch der Stadt Münster der Kaufgesell Berndt zum Venne, der mit der Angabe „von der Sutmühlen" näher gekennzeichnet wird.[3] Die Sudmühle lag bzw. liegt an der Werse und war eine Wassermühle. Allerdings scheint die

Kraft des Wassers für den Antrieb nicht ausgereicht zu haben, denn der Müller musste es stauen. Daher hat die Werse bis heute an dieser Stelle eine markante Ausbuchtung.[4] Ausweislich ihres Namens handelte es sich bei der Sudmühle um eine ‚Süd-Mühle', zu altniederdeutsch *sûth-*, mittelniederdeutsch *sût-* ‚südlich, nach/im Süden liegend'.[5] Der orientierte Name kann sich somit nicht etwa auf die Stadt Münster bezogen haben, die südwestlich liegt, sondern wahrscheinlich auf eine andere Mühle, die im nördlicheren Bereich der Werse gesucht werden muss – eventuell die Havichhorster Mühle.

MOLINA > MÜHLE

Grundwort des Ortsnamens ist -*mühle*, das ein Lehnwort aus dem Lateinischen ist: *molina*. Bei den niederdeutschen Formen ist das noch deutlicher zu erkennen als bei den hochdeutschen. So lautet das Wort im Altniederdeutschen *mulin* (erschlossen aus *mulinstên* ‚Mühlstein', *mulineri* ‚Müller'[6]), im Mittelniederdeutschen *môle*, *moele*, *moyle* oder *molle*.[7] Nach Westfalen kam der Begriff vermutlich erst mit Karl dem Großen und der Wassermühlentechnik im 9. Jahrhundert.[8] Die in der Region ältere germanische Bezeichnung für eine mühlenartige Anlage war altniederdeutsch *quern*, mittelniederdeutsch *querne* (aus germanisch *kwernô-* ‚Mühlstein')[9], die sich heute noch mundartlich in *Botterkerne* ‚Butterfass, Butterschleuder' (Münsterland, Grafschaft Mark)[10] oder *Stootkaarne* ‚Stoßfass, Butterfass' (Westmünsterland)[11] erhalten hat. Auch der Ausdruck *kêrnemelk(e)* und ähnlich für die ‚Buttermilch' gehört hierher. Für das Altniederdeutsche insgesamt ist das Wort *quern* einzig in einem Dokument aus dem Münsterland belegt, nämlich im Freckenhorster Heberegister aus der Zeit um 1100. Damals ist davon die Rede, dass den Müllern bei den Mühlen sechs Malter Hafer gegeben werden sollen („Then maleren VI modios avene te than quernon").[12] Dass der Ausdruck aber alt ist, beweisen die Formen gotisch *qaírnus* und altenglisch *cweorn, cwyrn, cweorne*, die in das 4. bzw. 5. Jahrhundert n. Chr. zurückführen. Auch in Ortsnamen wie Quernheim bei Herford und bei Diepholz, Quirnheim bei Bad Dürkheim, Querum bei Braunschweig, Quarnebeck bei Salzwedel, Quarnbek bei Kiel, Quarnstedt bei Neumünster oder Querenhorst bei Helmstedt ist das Wort noch enthalten und lässt vermutlich auf ein höheres Alter der Siedlung gegenüber den Ortsnamen mit *-mühle / -mol(l)e(n)* schließen.[13]

PLEISTER MÜHLE

Eine andere Mühle, die vielen Münsteranern bekannt sein dürfte, ist die Pleister Mühle. Denn heute trägt ein beliebter Landgasthof diesen Namen. Der erste Brandweinausschank erfolgte hier nachweislich 1808, als Wilhelm Schopmann Müller auf der Pleister Mühle war und damit den gastronomischen Grundstein an der Werse legte.[14] Die Wassermühle selbst lässt sich erstmals 1538/39 nachweisen („ex molendino Bleszer"), wird aber vermutlich sehr viel älter sein.[15] Wahrscheinlich ist sie identisch mit der 1320 genannten Mühle (*molendinum*) des *Johannes de Bleshere*.[16] Da auch hier ein bis heute sichtbarer Stauteich vorhanden ist, war auch an dieser Stelle die Wasserkraft der Werse nicht stark genug, um die Mühlsteine beständig am Laufen zu halten. Anders als bei der Sudmühle, die ihren Namen von ihrem südlich gelegenen Standort erhalten hat, zeigt die Benennung Pleister Mühle aber kein Lage-, sondern vielmehr ein Besitzverhältnis an. Im Namen ist nämlich der alte Bauerschaftsname Pleister enthalten. Die Pleister Mühle gehörte also zur Bauerschaft Pleister bzw. zum Schultenhof Pleister. Dieser Name geht zurück auf älteres „Blasheri" (1022/1023). 1280 wird ein Ritter Hermann „de Bleshere" genannt, der vermutlich auf dem Schultenhof saß. Die alte Form Blasheri für Pleister ist zu zerlegen in das Grundwort -heri, das ‚Schärfe, Spitze' oder ‚scharfe, spitze Stelle, Stelle, wo es etwas Scharfes gibt' bedeutet. Vermutlich ist damit der leichte Höhenzug gemeint gewesen, der sich links der Werse erstreckt und ungefähr an der Hofstätte eine scharfe Kante ausgebildet haben könnte. Das Erstglied *Blas-* wird von der Namenkunde zu altniederdeutsch *blas* ‚glänzend, weiß, klar, *kahl (letzte Bedeutung aus dem Althochdeutschen erschlossen)' gestellt. Somit ist *Blasheri*/Pleister als ‚kahle/unbewachsene oder glänzende scharfe/spitze Stelle' zu erklären.[17]

PLUGGENDORF

Wenn man es heute auch nicht mehr an seiner Gestalt erkennen kann, so ist auch der münsterische Stadtviertelname Pluggendorf aus einem Mühlennamen entstanden, allerdings nicht aus der Benennung einer Wassermühle, sondern einer Windmühle. Durch Wind angetriebene Mahlwerke gab es in Westfalen bereits seit dem Hochmittelalter, sie sind allerdings jünger als die älteren Wassermühlen – und im Münsterland auch nicht so zahlreich vertreten gewesen. Denn vor dem Aegidiitor an der Weseler Straße auf der kleinen Anhöhe südlich der heutigen Antoniuskirche stand eine der ehemals acht münsterischen Windmühlen: die Pluggenmühle. Bei ihrer ersten Erwähnung 1562 hieß sie noch „De Molle vor Sunt Ilien [St. Aegidii]". Damals wurden durch einen Sturm alle vier Flügel der hölzernen Bockwindmühle abgebrochen. Abermals 1659 riss ein heftiger Windstoß die Mühle zu Boden, nachdem Soldaten den Kreuzbalken angesägt hatten. Der sogenannte Kreuzbalken oder Bock trug das gesamte Mühlengehäuse. Dabei war das hölzerne Gehäuse drehbar gelagert, sodass der Müller die Flügel immer passend zum Wind ausrichten konnte. 1759 traf die Anlage der Blitz. Sie wurde abgerissen, aber 1763 wieder aufgerichtet, bis sie 1853 erneut von einem Sturm umgeworfen und endgültig zerstört war. Ihren Namen soll die Mühle vom Müller Johann Plugge erhalten haben, dem Pächter der Mühle.[18] Das mag stimmen, denn ein Zweig der Familie Plugge, die ursprünglich aus Telgte stammte, war seit dem 16. Jahrhundert in Münster ansässig.[19] Von der Mühle erhielt dann auch das im 19. Jahrhundert entstehende Stadtviertel den Namen Pluggendorf.[20]

KLAPPERNDE MÜHLEN

Übrigens: Warum heißt es in dem bekannten Volkslied eigentlich, dass die Mühle am rauschenden Bach klappert? Nach dem Mahlvorgang von Getreide mussten Mehl und Schalenbestandteile voneinander getrennt werden. Zu diesem Zweck war das sogenannte Beutelwerk an den Mahlgang angeschlossen. In einem durch hölzerne Stöcke oder Gabeln in Schwingung versetzten Wollbeutel wurde das

Mahlgut gesiebt. Der Antrieb der Gabeln erzeugte das sprichwörtliche „Klappern". Daher klappern nicht nur Mühlen an rauschenden Bächen, sondern auch Windmühlen, in denen diese Technik ebenfalls seit dem 16. Jahrhundert verbreitet war.[21] Das heißt: Es klappert auch die Mühle im Wind!

Das Freilichtmuseum „Mühlenhof" hat seinen Namen von einer wieder aufgebauten Bockwindmühle erhalten.
Foto. Chr. Spannhoff (2014)

ANMERKUNGEN

[1] Robert Krumbholtz, Die Gewerbe der Stadt Münster bis zum Jahre 1661, Leipzig 1898, S. 470.

[2] Ernst Hövel, Das Bürgerbuch der Stadt Münster 1538 bis 1660, Münster 1936, S. 96, Nr. 938.

[3] Ebd., S. 184, Nr. 2974.

[4] Werner Dobelmann, Handorf gestern und heute. Geschichte einer dörflichen Siedlung, Münster 1974, S. 63.

[5] WOB 3, S. 369–371.

[6] Heinrich Tiefenbach, Altsächsisches Handwörterbuch. A Concise Old Saxon Dictionary, Berlin u. New York 2010, S. 281.

[7] Karl Schiller u. August Lübben, Mittelniederdeutsches Wörterbuch, 6 Bde., Bremen 1875–1881, Bd. 3, S. 113 f.

[8] Wilfried Reininghaus, Die vorindustrielle Wirtschaft in Westfalen. Ihre Geschichte vom Beginn des Mittelalters bis zum Ende des alten Reiches, 3 Bde., Münster 2018, Bd. 1, S. 208 f.

[9] Gerhard Köbler, Wörterbuch des althochdeutschen Sprachschatzes, Paderborn u.a. 1993, S. 697.

[10] Friedrich Woeste, Wörterbuch der westfälischen Mundart, Norden u. Leipzig 1882, S. 124 f.; Heinrich Gehle, Wörterbuch westfälischer Mundarten. Hochdeutsch – Plattdeutsch, Münster 1977, S. 37

[11] Elisabeth Piirainen, Karmis Wäide und Botterhööksken. Mikrotoponymie und Phraseologie aus kultursemiotischer Perspektive, in: Niederdeutsches Wort 39 (1999), 127–149, hier S. 137 f.

[12] Die Heberegister des Klosters Freckenhorst. Nebst Stiftungsurkunde, Pfründeordnung und Hofrecht, hrsg. v. Ernst Friedlaender, Münster 1872, S. 55.

[13] Birgit Meineke, Die Ortsnamen des Kreises Herford, Bielefeld 2011 (Westfälisches Ortsnamenbuch 4), S. 220 f.

[14] https://www.pleistermuehle.de/landgasthof/geschichte/ (30.05.2020).

[15] Verzeichnisse der Güter, Einkünfte und Einnahmen des Aegidii-Klosters, der Kapitel an St. Ludgeri und Martini sowie der St. Georgs-Kommende in Münster, ferner der Klöster Vinnenberg, Marienfeld und Liesborn, bearb. v. Franz Darpe, Münster 1900, S. 89.

[16] Ebd., S. 68.

[17] WOB 3, S. 309 f. Zu den Namen mit -*heri* siehe auch: Paul Derks, Die Hof- und Siedlungsnamen Einern und Haarhausen. I. Einern, in: Beiträge zur Heimatkunde der Stadt Schwelm und ihrer Umgebung. Jahresgabe des Vereins für Heimatkunde Schwelm, Neue Folge 50 (2001), S. 41–63.

[18] https://www.stadt-muenster.de/ms/strassennamen/pluggendorf.html (30.05.2020).

[19] Hövel, Bürgerbuch (wie Anm. 2), S. 83, Nr. 635.

[20] https://www.stadt-muenster.de/ms/strassennamen/pluggendorf.html (30.05.2020).

[21] Alois Schwarz u. Bernhard Fritsche, Alte Mühlen im Münsterland. Seine Wind- und Wassermühlen in Bildern und Beschreibungen, 2. völlig neubearb. u. erw. Aufl., Münster 1991, S. 20; Peter Theißen, Mühlen im Münsterland. Der Einsatz von Wasser- und Windmühlen im Oberstift Münster vom Ausgang des Mittelalters bis zur Säkularisation (1803), Münster u.a. 2001, S. 266–271.

SPUK IM GEISTVIERTEL?

Hat der Name des münsterischen Geistviertels etwas mit Geistern oder Spukgestalten zu tun? Haben hier möglicherweise unheimliche Erscheinungen stattgefunden? Oder glaubten die Bewohner vielleicht einst, dass es in ihrem Stadtviertel nicht mit rechten Dingen zuging? Um diese Fragen beantworten zu können, muss man sich die Entstehungsgeschichte des Namens vor Augen führen: Die heutige Benennung Geistviertel geht auf einen älteren Namen zurück, nämlich auf den der alten Bauerschaft Geist. Diese gehörte früher zum Kirchspiel St. Lamberti vor Münster und lag im südlichen Gebiet der heutigen Stadt. Erstmals schriftlich erwähnt wird der Name im Jahr 1197. Damals bekundete der münsterische Bischof Hermann II. (von Katzenelnbogen; 1174–1203) in einer Urkunde, dass ein Everhardus Rufus den Zehnten von einem bischöflichen Fronhof nutzen durfte und dafür jährlich drei Malter (altes Volumenmaß) Getreide, halb Weizen, halb Gerste, sowie den kleinen Zehnten an den Bischof entrichtete. Der besagte Fronhof lag nach Angabe des Dokuments „super Geist", also „auf der Geist".[1] Der ursprüngliche Flurname geht also bereits in mittelalterliche Zeit zurück.

GEIST

Doch was bedeutet nun Geist? Der Flurname ist nicht selten und kommt allein im Münsterland recht häufig vor: Eine weitere Bauerschaft Geist mit einem Geisterfeld gibt es in Wadersloh, ein Haus Geist bei Oelde. Auch im Ortsnamen Geißler bei Beckum (9. Jahrhundert „Gestlaon"), Geisthövel bei Beckum (9. Jahrhundert „Giesthuuila"), Geistel bei Wiedenbrück (1151 „Gestla") oder in den Hofnamen Geismann und Tergeist ist das Namenwort Geist enthalten.[2] Dieses geht zurück auf mittelniederdeutsch *geist, gêst* ‚trockener, sandiger Boden'. Es ist das Gegenstück zur Flurbezeichnung *Mersch* ‚feuchter Boden'. Diese Unterscheidung ist bereits um 1150 urkundlich belegt. Damals werden Äcker auf dem Wiesengelände, „quod dicitur Mersch" – ‚das Mersch genannt wird', erwähnt im Gegensatz zu Äckern auf dem Feld, „qui dicitur Gest" – ‚die Gest genannt werden'.[3] Im Norddeutschen ist das Wort als Geest bekannt, dort benennt es das Land, das höher als die grüne und feuchte Marsch liegt. Der Flurnamenforscher Gunter Müller beschreibt in seinem Westfälischen Flurnamenatlas, dass das Namenwort Geist ein Wort sei, das „überwiegend im Nahbereich der kontinentalen Nordseeküste Verwendung fand und findet". Er weist auch darauf hin, dass enge Verwandte des Wortes etwa im Altenglischen oder Isländischen so viel bedeuten wie „unfruchtbar" oder auch „von Trockenheit rissig". Äcker, die den Namen Geist tragen, zählen überwiegend zu den sogenannten Altackerflächen. Gegenüber der lehmigen, schwer zu bearbeitenden Umgebung fallen sie vor allem dadurch auf, dass sie aus Sand bzw. sandig-lehmigem Boden bestehen. Das bedeutete für die Bauern schon des frühen Mittelalters, dass sie diese Flächen mit ihrem einfachen Gerät leicht bearbeiten konnten. Die alten Ackerfluren waren vielfach in Langstreifen parzelliert. So kommt es, dass die Geist-Ackerflächen nicht immer, aber oft ebenfalls in lange Streifen eingeteilt waren. Wegen der leichteren Bearbeitbarkeit waren die Geist-Fluren begehrtes Land. Daher rührt es auch, dass das Wort Geist in Westfalen seine ältere Bedeutung „unfruchtbar" weitgehend eingebüßt hat.[4] Der Name der münsterischen Geist geht aber vermutlich auf ihre Lage auf dem Kiessandzug im Stadtgebiet Münsters zurück, die heute allerdings durch die Überbauung kaum noch zu erkennen ist, wie die münsterische Ortsnamenforscherin Claudia Maria Korsmeier dargelegt hat.[5]

KEIN FLASCHENGEIST

Dass es übrigens nicht „der" Geist sein kann, der nachts umherspukt, der in den Orts- und Flurnamen vorliegt, und auch nicht die kognitiven Fähigkeiten des Menschen gemeint sind („ein kluger Geist") oder aber „der" Geist, der durch das Destillieren mazerierter Früchte gewonnen wird (z.B. der „Himbeergeist"), zeigt das grammatische Geschlecht an: denn die Flurnamen sind durchweg weiblich: „die" Geist.[6]

[1] WOB 3, S. 157 f.

[2] Ebd., S. 157–159 (Geist, Geisthövel), 156 (Geißler), 155 f. (Geismann), 382 (Tergeist).

[3] Paul Derks, Die Siedlungsnamen der Stadt Sprockhövel. Sprachliche und geschichtliche Untersuchungen, Bochum 2010, S. 43, Anm. 304.

[4] Gunter Müller, Westfälischer Flurnamenatlas, Lieferung 1, Bielefeld 2000, S. 56–58.

[5] WOB 3, S. 157.

[6] Gisbert Strotdrees, Im Anfang war die Woort. Flurnamen in Westfalen, 2. Aufl., Münster 2018, S. 20 f.

TIERE IN ORTSNAMEN

In vielen unserer heutigen Ortsnamen haben sich alte Personennamen oder Personengruppenbezeichnungen erhalten. Auch im ältesten Namen Münsters – Mimigernaford – stecken im ersten Teil die „Mimigerne", also die ‚Leute eines Mimigern', wie im ersten Beitrag dieser Serie gezeigt wurde (⇨ Mimigernaford – Monasterium – Münster). Aber nicht nur an die Namen von Menschen vergangener Zeiten erinnern uns Ortsnamen, sondern auch an die Bezeichnungen vieler Tierarten. Das zeigt, wie wichtig Wild- und Nutztiere für die Menschen der Vergangenheit waren.

WILDTIERE

Wildtiere stellten zum Teil eine Gefahr dar, waren aber vielfach auch als Jagdbeute nützlich und begehrt. So weist der Ortsnamen Berl bei Sendenhorst auf ein Raubtier hin, das früher selbst in Westfalen heimisch war. Der Name des Ortes erscheint im 9./10. Jahrhundert als „Beranhlara", in dem eindeutig der Bär (altniederdeutsch *bero) steckt, wie die Beugung des Erstgliedes *Beran-* anzeigt.[1] Dass es dieses Wildtier einst auch in der Region gegeben hat, beweisen historische Nachrichten: So fingen die Bürger der Stadt Soest 1445 „eynen wilden Baren". Ein Jahr später zogen auch die Bürger von Münster in den Dernebocholter Sundern bei Albersloh, um einem Bären habhaft zu werden, der großen Schaden an Ochsen, Kühen, Schafen und Bienenstöcken angerichtet hatte. Sie überwältigten das Tier und brachten es lebendig mit einem Wagen, der von sieben Pferden gezogen werden musste, nach Münster.[2] Der Ortsname Berl / Beranhlara wird von dem Sprachwissenschaftler Heinrich Dittmaier (1907–1970) als „Bärenhürde", „Bärenpferch" oder „Bärenzaun" gedeutet. Er vermutet, dass hier kein Bärenzwinger gemeint ist, in dem Bären gehalten wurden, sondern im Gegenteil ein Pferch mit einem besonders festen und für Bären unüberwindlichen Zaun, der dem Vieh Schutz gegen das Raubtier bot. Dazu stellen sich auch die Wolf-Zäune Wolflar bei Binsheim/Moers (1440), Wolflar bei Birten/Moers (1398), Wulflare bei Zutphen (1272) und Wolflar bei Rheine oder Oldenzaal (1333).[3]

NUTZTIERE

Größere Nutztiere wurden aber zumeist nicht wie heute auf eingezäunten Weiden gehalten, sondern vielmehr extensiv auf den unkultivierten Flächen, in Wäldern und Heiden, auf Bruch- oder Sumpfland. Das hat sich ebenfalls in Orts- und Flurnamen erhalten. So geht etwa der Ortsname Herzebrock auf älteres, 976 genanntes „Horsabruoca", also ‚Pferde-Sumpf' (zu altniederdeutsch *hross* [mit r-Umsprung, vgl. englisch *horse*] ‚Pferd' und *brôk* ‚Sumpf'), zurück.[4]

KASEWINKEL

Auch auf dem Stadtgebiet Münsters gibt es Ortsnamen, die Tierbezeichnungen enthalten. Allerdings kann man diese an ihrer heutigen Form nicht mehr erkennen. Zu ihnen gehört etwa Kasewinkel. Dieser Name hat nichts mit Käse zu tun, wie man vielleicht auf den ersten Blick meinen könnte, sondern es findet sich hier eine verschliffene Tierbezeichnung. Das zeigen die ältesten Belege des Namens: 1144 wird ein „Wezelinus de Calueswinkele" genannt. Es handelt sich also ursprünglich bei Kasewinkel wörtlich um einen „Kalbswinkel" (zu niederdeutsch *kalf* ‚Kalb'). Der Name ist mit Calveslage bei Vechta zu vergleichen. Wegen des Genitivzeichens *-es* ist es allerdings auch möglich, dass hier ein Rufname *Calf* nach dem Tier vorliegt. Ein solcher Beiname ist durchaus belegt: 1212 werden anlässlich der Übertragung des Gutes „Ulingthorpe" (Ulentorp bei Herzfeld) an das Kloster Liesborn durch Bischof Otto I. von Münster unter anderen als Zeugen *Theodericus Calf* und sein Bruder *Wolterus* genannt. 1275 erscheint ein *Arnoldus Calf* und 1282 ein *Arnold* genannt *Calf*. Sprachlich ist also nicht zu entscheiden, ob in „Calueswinkele" die Tierbezeichnung oder ein entsprechender Personenname vorliegt. Allerdings dürfte in einem ursprünglichen Flurnamen, wie es die Ortsnamen auf *-winkel* sind, die Tierbezeichnung wahrscheinlicher sein. Das gleiche Problem liegt auch beim Ortsnamen Everswinkel bei Freckenhorst vor, in dem ebenfalls die altniederdeutsche Tierbezeichnung *evur* ‚Eber' oder der gleichlautende, auf der Tierbezeichnung basierende Rufname zugrunde liegen kann.[5]

FUNTRUP

Ferner ist im münsterischen Ortsnamen Funtrup (zwischen Albachten und Mecklenbeck) eine Tierbezeichnung anzutreffen, die wir heute ebenfalls nicht mehr erkennen können. Denn die gegenwärtige Form geht auf älteres „Vogeldorpe" (1556) zurück, das zu „Vontrup" (1601) und schließlich zu „Funtrup" wurde. Man hat hier also ausweislich des ältesten Belegs ursprünglich eine ‚Vogel-Siedlung' vor sich.[6] Dabei dürfte es sich um ein vormodernes Viehwirtschaftszentrum gehandelt haben, das auf eine bestimmte Tierart spezialisiert war und den Bedarf des jeweiligen Herrn (vor allem der Klöster und geistlichen Institutionen) befriedigte.[7] Ein solches wird auch in Vogelheim, um 1220 „Vogelhamme" (‚Vogel-Gehege') vermutet. Vier weitere Ortsnamen im Rheinland und in Westfalen bezeugen das Gehege für Zuchttiere: 1) Schapen südöstlich Lingens an der Ems, um 900 „in Scapham" bzw. „ad Scapaham", „in Scapahamma" ‚Schaf-Pferch', zu altniederdeutsch *skâp*, ‚Schaf', 2) Harsum bei Flüren (Wesel), zweite Hälfte des 12. Jahrhunderts „Hersehamme" ‚Pferde-Gatter', zu altniederdeutsch *hers* ‚Pferd', 3) Ossum (Meerbusch), 1186 „de Osnam", wahrscheinlich entstanden aus *Ossen-ham* ‚Rinder-Pferch', zu altniederdeutsch *ohso*, mittelniederdeutsch *osse* ‚Stier, Ochse', 4) Schwinnshof in Loikum (Hamminkeln), Mitte des 13. Jahrhunderts „de Svinham" ‚Schweine-Gatter', zu niederdeutsch *swîn* ‚Schwein'.[8]

BUXTRUP

Auf eine ähnliche Einrichtung dürfte auch der heute nur noch in einem Straßennamen erhaltene Ortsname Buxtrup zurückgehen, der 1315 im Personennamen *Wycgherus de Buckestorpe* erscheint. Es könnte sich um ein ‚Bocks-Dorf' handeln (zu altniederdeutsch *buc, boc*, mittelniederdeutsch *bock, buck* ‚Bock' und *thorp* ‚Gehöft, Siedlung, Dorf' mit den westfälischen Varianten *trop, trup, torp*). Hier wurden also vielleicht Ziegen- oder Schafsböcke auf einem so benannten Gehöft gehalten. Allerdings ist auch ein Personenname *Buck* nicht gänzlich auszuschließen (‚Siedlung des Buck').[9]

Hausziege (Fig. 28).

Hausziege.
Quelle: Hermann Landois, Westfalens Tierleben
in Wort und Bild, Bd. 1, Paderborn 1883, S. 139

ANMERKUNGEN

[1] WOB 3, S. 61 f.

[2] Hermann Landois, Westfalens Tierleben in Wort und Bild, Bd. 1: Säugetiere, Paderborn 1883, S. 38.

[3] Heinrich Dittmaier, Die (h)lar-Namen. Sichtung und Deutung. Köln, Graz 1963, S. 52. Zu Bären in Ortsnamen vgl. auch Christof Spannhoff, Von Alstedde bis Wolfer. Ortsnamenstudien aus dem Tecklenburger Land, Norderstedt 2017, S. 18–20.

[4] Mit den Belegen: Paul Derks, *ham* und *hlâr*-. Zaun und Hegung in westfälischen Ortsnamen, Lage 2019, S. 79.

[5] WOB 3, S. 224 f. (Kasewinkel) u. 137 f. (Everswinkel).

[6] WOB 3, S. 150 f.

[7] Leopold Schütte, Die Erzeugung und Nutzung landwirtschaftlicher Produkte, in: Westfälisches Klosterbuch. Lexikon der vor 1815 errichteten Stifte und Klöster von ihrer Gründung bis zur Aufhebung, hrsg. v. Karl Hengst, 3 Teile, Münster 1992–2003, Teil 3, S. 487–518.

[8] Mit den Belegen: Derks, *ham* und *hlâr*- (wie Anm. 4), S. 50 f.

[9] WOB 3, S. 90 f.

DORBAUM – EINE MITTELALTERLICHE WEHRANLAGE?

Der Name des Ortsteiles Dorbaum in Münster-Handorf ist heute nicht mehr so ohne weiteres zu verstehen. Das liegt vor allem daran, dass die Sache, die einst damit verbunden war, nicht mehr existiert. Erwähnt wird der Name 1545 in der Form *Doerbom*. Abgesehen von einem Beleg des Jahres 1631 *Deerbom* erscheint er durchgängig mit langem *ô*, das sich hinter der Schreibung *oe* verbirgt (vgl. Coesfeld). Seit dem 19. Jahrhundert setzt sich dann die Form *Dorbaum* durch.[1] Doch was steckt eigentlich dahinter? Die münsterische Ortsnamenforscherin Claudia Maria Korsmeier übersetzt ihn schlüssig als ‚Torbaum‘, also als ‚Schlagbaum‘, der im Bereich Handorfs den Durchgang einer Landwehr darstellte.[2] Aber was ist eigentlich eine Landwehr?

LANDWEHREN

Der bereits frühmittelalterliche Begriff „landweri" bezeichnete ursprünglich die Gesamtheit der zur Landesverteidigung aufgebotenen Männer. Spätestens im Hochmittelalter hatte sich seine Bedeutung erweitert. Der Ausdruck „Landwehr" charakterisierte nun, neben der Landesverteidigung, eine Befestigungs- und Wehranlage. Eine Landwehr war ein lineares Befestigungssystem aus Wall und Graben, das in seiner Schutzwirkung durch das Aufpflanzen einer Hecke – dem sogenannten Gebück – verstärkt wurde. Die Anzahl der nebeneinander liegenden Wälle und Gräben sowie deren Höhe bzw. Tiefe und Breite waren nicht festgelegt, sondern variierten von Fall zu Fall. Durch intensive Pflege, die im Heckenschnitt und Verflechten der jungen Triebe bestand, wurde der Strauchbewuchs derart verdichtet, dass mit der Zeit eine undurchdringliche natürliche Mauer entstand. Im Gegensatz zu den Mauern der Städte schützten Landwehren den ländlichen Raum, also Höfe und Bauerschaften, Kirchdörfer und Kirchspiele, aber auch die städtische Feldmark außerhalb der urbanen Ummauerung. Besonders gefährdet waren in diesem System die durch Straßen und Wege bedingten Durchgänge. In Friedenszeiten genügte zu ihrer Sperrung ein Schlagbaum, der oft von einem den Schließdienst versehenden Wachmann beaufsichtigt wurde. Dieser Aufseher wohnte häufig in der unmittelbaren Umgebung. Viele Hof- und Familiennamen mit dem Grundwort -*bäumer* oder -*schlüter* haben sich aus dieser Aufseher-Funktion entwickelt. In unruhigen Zeiten konnten die Durchgänge in der Landwehr auch „vergraben", also gänzlich unzugänglich gemacht werden. Die defensive Funktion der Landwehren ist nur zu verstehen, wenn man sich die Art und Weise der mittelalterlichen Kriegsführung vor Augen führt. Die häufigste Form gewaltsamer Auseinandersetzung im Mittelalter war die Fehde. Ihre Durchführung bestand praktisch darin, dass der Besitz des Befehdeten durch Überfall und Zerstörung bedroht war: Felder und Gebäude konnten ein Raub der Flammen und das Vieh weggetrieben werden. Aber genau dieser Form der gewaltsamen Konfliktaustragung konnte ein System von Landwehren effektiv begegnen. Durch die wenigen Durchlässe in der Landwehr wurden die Einfälle der Feinde kanalisiert. Sie wurden bereits früh beim Passieren des Schlagbaumes von in der Nähe wohnenden Aufsehern gesichtet und die Bevölkerung konnte so durch den „Glockenschlag", d.h. durch das Läuten der Kirchenglocken, zur Verteidigung aufgeboten werden. Während die Angreifer das Vieh zusammentrieben, dessen Mitnahme durch die engen Landwehröffnungen sehr erschwert wurde, konnte sich die Bevölkerung am Durchgang der Landwehr sammeln und die Übeltäter dort abfangen.[3] Die Notwendigkeit zur Errichtung solcher Landwehren, besonders im 14. Jahrhundert, wird auch am Beispiel des Grafen Nikolaus von Tecklenburg († 1368) deutlich, der allein im Jahre 1360 durch seine Raubzüge im Münsterland 1.114 Kühe, 3.838 Schafe, 143 Pferde und 480 Schweine erbeutet haben soll. Wie wirkungsvoll Landwehr und Schlagbaum waren, zeigt folgender Fall: Während der Schlacht bei Varlar im Zuge der Münsterischen Stiftsfehde am 18. Juli 1454 wurde eine der sich bekämpfenden Parteien hinter die Landwehr bei Bösensell zurückgedrängt, bei der sie Stellung bezogen hatte.

Es ist überliefert, dass bei diesem ungeordneten Rückzug zahlreiche Männer in den Gräben der Landwehr ertranken.[4]

LANDWEHRFORSCHUNG

Die Anfänge der näheren Erforschung der Landwehren liegen bereits im 19. Jahrhundert. Für eine Beschäftigung mit den Landwehren Westfalens sind aber besonders die Forschungen von Karl Weerth (1881–1960) aus der ersten Hälfte des 20. Jahrhunderts zu nennen, die zum Teil bereits auf Untersuchungen seines Vaters Otto (1849–1930) beruhen. Karl Weerths Kartierung der erhaltenen und durch den Urkataster zu erschließenden Landwehrzüge ergab, dass die Landwehren sich häufig entlang der Kirchspielgrenzen erstreckten, aber teilweise auch von diesen abwichen und unbesiedelte und unkultivierte Gebiete aussparten, wie etwa die Markengebiete. Natürliche Gegebenheiten, wie Moore, Flüsse und Bäche, wurden in den Verlauf der Landwehren mit einbezogen.[5] Dieses, fast das gesamte Münsterland durchziehende Verteidigungs- und Schutzsystem geht vermutlich auf die erste Hälfte des 14. Jahrhunderts zurück. Im Zuge der Landfriedensbewegung, der gesetzlichen Vorbeugung durch den Landesherrn zum Schutz des öffentlichen Friedens durch Verbot und Einschränkung von Fehden sowie anderer gewaltsamer Selbsthilfe, befahl Ludwig II. von Hessen, Bischof von Münster (1310–1357), im Jahre 1321, dass den bei dem Bau von Landwehren beteiligten Einwohnern der Kirchspiele Roxel, Albachten, Bösensell, Gievenbeck und Mecklenbeck das „Hergewede", also die Sterbeabgabe der Bauern an ihren Grundherrn, erlassen werden sollte. Ebenfalls wurden die Bewohner der besagten Kirchspiele aus der Gerichtsbarkeit des Gogerichtes Bakenfeld gelöst und konnten ihr Recht nun vor dem örtlichen Bauerrichter suchen, sodass eine unfreiwillige Reise zu den Gerichtstagen auf dem Bakenfeld unnötig wurde. Für das ehemalige Fürstbistum Münster lässt sich also seit Anfang des 14. Jahrhunderts ein System von Landwehren feststellen.[6] Vor diesem Hintergrund ist auch der Name Dorbaum zu erklären. Denn die münsterische Historikerin Cornelia Kneppe hat mit ihrer Rekonstruktion der Landwehren im Bereich der Stadt Münster gezeigt, dass eine solche auch durch Handorf-Dorbaum verlief. Am Schnittpunkt der Kirchspielslandwehr von St. Mauritz und des Edelbachs mit der alten Straße von Münster nach Osnabrück (Schiffahrter Damm) lag der noch auf Karten des 19. Jahrhunderts verzeichnete „Stadtbaum" (Schiffahrter Damm 424, Anwesen Stadtbäumer-Gerdemann). Dieser Schlagbaum könnte ursprünglich der Namensgeber für Dorbaum gewesen sein.[7]

HEUTIGE SPUREN

Wer sich übrigens deutliche Landwehrspuren im Gelände ansehen möchte, der findet solche ganz in der Nähe des Hiltruper Sees am Weg „Hohe Ward". Ein schöner Grund für einen Spaziergang!

ANMERKUNGEN

[1] Zu den Belegen WOB 3, S. 106 f.

[2] Ebd., S. 107.

[3] Zu den münsterländischen Landwehren siehe vor allem die Arbeiten von Cornelia Kneppe, Die Stadtlandwehren des östlichen Münsterlandes, Münster 2004; Dies., Landwehren: Von der mittelalterlichen Wehranlage zum Biotop, Münster 2007; Landwehren. Zu Erscheinungsbild, Funktion und Verbreitung spätmittelalterlicher Wehranlagen. Beiträge zum Kolloqium der Altertumskommission für Westfalen am 11. und 12. Mai 2012 in Münster, hrsg. v. ders., Münster 2014.

[4] Christof Spannhoff, Die Landwehren des Tecklenburger Landes unter besonderer Berücksichtigung des Kirchspiels Lienen, in: Unser Kreis 2007. Jahrbuch für den Kreis Steinfurt 20 (2006), S. 244–251.

[5] Karl Weerth, Westfälische Landwehren, in: Westfälische Forschungen 1 (1938), S. 158–198; Ders., Westfälische Landwehren. Forschungsbericht über die Jahre 1938 –1954, in: Westfälische Forschungen 8 (1955), S. 206–213.

[6] Spannhoff, Landwehren (wie Anm. 4).

[7] Kneppe, Stadtlandwehren (wie Anm. 3), S. 136 f.

VON SCHÖNEN AUEN UND LANGEN ZÄUNEN

HASKENAU, GROßE UND KLEINE LENGERICH

Nicht nur ihre Gestalt, sondern auch ihr Name hat sich im Lauf der Zeit stark verändert. Gemeint ist die alte, zehn Kilometer nordöstlich von Münster gelegene Burganlage Haskenau bei Handorf, die zu den bedeutendsten Bodendenkmälern im Münsterland gehört. 1987 wurde sie als solches unter Schutz gestellt. Die mittelalterliche Turmhügelburg, die insgesamt eine Größe von 2,5 Hektar aufwies, wurde vermutlich im ausgehenden 12. Jahrhundert von Hermann I. von Münster angelegt. Dieser Hermann, der zwischen 1185 und 1226 mehrfach genannt wird, war ein Lehnsmann des Domkapitels von Münster und eigentlich mit der Verwaltung des domkapitularischen Wirtschaftshofes betraut, des sogenannten Brockhofes (zu mittelniederdeutsch *brôk* ‚Sumpf, Niederung'). Dieser befand sich im Bereich des heutigen Ludgeri-Kreisels direkt an die mittelalterliche Stadtmauer. Der an Hermann verliehene Hof mit seinen zahlreichen zugehörigen Bauernstätten war anscheinend wirtschaftlich derart bedeutend, dass sich der Lehnsmann eine eigene Burg – die Haskenau – errichten konnte. Diese erbaute er auf einem bereits bestehenden, landwirtschaftlich genutzten Anwesen, dessen Ursprünge sich archäologisch auf das 8. bis 9. Jahrhundert zurückführen lassen. Dieses frühe Anwesen war schon von einem Graben umgeben, wie archäologische Untersuchungen gezeigt haben. Zur Burg Haskenau gehörten neben dem Hügel mit dem Wohnturm, der mit dem Aushub der Gräben aufgeschüttet wurde, eine Vorburg mit Wirtschaftsgebäuden, eine Mühle, eine Fischerei und ein *Hagen*, also ein zur Holzproduktion und Schweinehaltung genutztes Waldstück. Mit der im 13. Jahrhundert mehrfach erwähnten *mansio*, also der ‚Wohnung‘, dürfte der Turm der Burg gemeint gewesen sein. Von der hochmittelalterlichen Burganlage, die strategisch klug in einem Winkel von Werse und einem Altarm der Ems platziert wurde, sodass lediglich im Süden und Westen Befestigungswerke angelegt werden mussten, sind heute nur noch die entsprechenden Wälle und Gräben sowie natürlich der Hügel mit einem Durchmesser von 38 Metern vorhanden. Der Hügel erhebt sich fünf bis sechs Meter über die Hochterrasse und elf Meter über die Flussniederung. Der Zugang zu dem auf ihm befindlichen Turm könnte über die Erdrampe erfolgt sein, die noch im Gelände erkennbar ist. Den Graben wird wahrscheinlich ein Holzsteg überbrückt haben. Die Wälle ragten im Mittelalter deutlich höher als heute auf und auch die Gräben besaßen eine größere Tiefe. Dadurch waren sie für einen Angreifer nur schwer zu überwindende Hindernisse.[1]

SCONOWE > HASKENAU

Aber nicht nur das Aussehen der Burg, sondern auch ihr Name hat sich durch die Jahrhunderte hindurch stark verändert. Bei ihrer ersten Erwähnung 1226 hieß die Anlage nämlich noch *Sconowe*, was als ‚Schön-Aue‘ wiederzugeben ist. Namengebend war also die Werseaue, die mit dem Bestimmungswort *schön* verbunden wurde. Da der Begriff *schön* neben ‚ansehnlich‘ im Mittelalter auch noch ‚ertragreich‘ oder ‚wirtschaftlich brauchbar‘ bedeuten konnte, könnte also ursprünglich die gute Nutzbarkeit der Aue etwa zur Viehweide gemeint gewesen sein.[2] Später, nach Mitte des 15. Jahrhunderts, wurde der Name dann noch durch ein vorgestelltes mittelniederdeutsches *hô, hôch* ‚hoch‘ ergänzt, woraus sich schließlich die Form *Haskenauw* ergab, die dann 1616 erscheint. Die Entwicklung verlief also von *Sconowe* über **Hô-scon-owe* zu **Ha-sken-owe* und schließlich *Haskenau* (mit einem * werden erschlossene Formen gekennzeichnet). Die Ergänzung *hô* ‚hoch‘ könnte durch den Turmhügel motiviert gewesen sein, dessen Wohnturm vermutlich im 15. und 16. Jahrhundert nicht mehr bestand, weil die Burganlage seit 1324, als sie endgültig in den Besitz des münsterischen Domkapitels überging, dem Verfall preisgegeben wurde. Anfang des 17. Jahrhunderts wird die Anlage nur noch als Ort zur Schweinemast geführt. Aber gerade dem Aufgeben der Nutzung der Haskenau als Befestigungswerk ist es zu verdanken, dass sich die mittelalterlichen Zustände der Turmhügelburg erhalten haben und diese nicht durch neuzeitliche Umbauten überformt wurden.[3] Die für die Rekonstruktion der Namenentwicklung wichtige Identität von *Sconowe* und *Haskenau* wird auch durch eine frühe Lageangabe bestätigt: Denn 1340 wird ein Hof *Lenggereke* als *iuxta* – also ‚bei‘ – *Sconouwe* genannt.[4]

LENGERICH

Obwohl er den gleichen Namen trägt, ist dieser Hof nicht etwa in der Nähe der Stadt Lengerich am Teutoburger Wald (Kreis Steinfurt) zu suchen, sondern es handelt sich vielmehr um die alte Höfegruppe Große Lengerich, Middendorp und Lütke Lengerich. Diese lag etwa einen Kilometer nordöstlich von der Haskenau, von der die erstgenannte Stätte noch heute besteht. Bereits 1022/23 wird die Siedlung als *Lengriki* bezeichnet, die nach dem ältesten Heberegister des Klosters Freckenhorst vom Ende des 11. Jahrhunderts aus drei Bauernstellen bestand. Damals lebten in *Lingeriki* die Bauern *Vadiko*, *Meinhard* und *Faderiko*, die Roggen und Mehl an das Kloster abzuliefern hatten.[5] Diese Dreier-Siedlung war befestigt, wenn vermutlich auch nicht durch Wall und Graben wie die Haskenau. Aber immerhin ist zumindest ein mehr oder weniger robuster Zaun oder eine säumende Hecke aus dem Namen *Lengriki*/Lengerich zu erschließen. Denn das Grundwort des Ortsnamens – *riki* – bedeutet nichts anderes als ‚Einfriedung‘ oder ‚Zaun‘. Als Bestimmungswort des Namens liegt das Adjektiv *lang* vor, dessen Stammvokal durch das *i* in *-riki*, *-rike* zu *e* umgelautet wurde (*Macht – mächtig*; *Pracht – prächtig*; *Gast – Gäste*, alt: *gesti*). Die Einfriedung der Siedlung zeichnete sich also durch ihre Ausdehnung aus.[6]

ANMERKUNGEN

[1] Vera Brieske, Die Haskenau bei Handorf-Dorbaum, kreisfreie Stadt Münster, Münster 2001.

[2] Dazu ausführlich: Paul Derks, Die Siedlungsnamen der Stadt Essen. Sprachliche und geschichtliche Untersuchungen, Essen 1985, S. 58 f.

[3] WOB 3, S. 186 f.; Brieske, Haskenau (wie Anm. 1), S. 13–18

[4] Brieske, Haskenau (wie Anm. 1), S. 14.

[5] Die Heberegister des Klosters Freckenhorst nebst Stiftungsurkunde, Pfründeordnung und Hofrecht, hrsg. v. Ernst Friedlaender, Münster 1872, S. 50.

[6] WOB 3, S. 248 f. Dazu ausführlich auch Christof Spannhoff, Ein umzäunter Wohnplatz. Ortsnamen sind immer auch eine wichtige Geschichtsquelle [zum Ortsnamen Lengerich], in: Unser Kreis 2017. Jahrbuch für den Kreis Steinfurt 30 (2016), S. 149–154.